Online-Mittelstand in Deutschland

Erfolgreiche Gründer der Internet-Branche im Gespräch

Thomas Promny

Das kommerzielle Internet ist in Deutschland mittlerweile etwa 20 Jahre alt. Nach der ersten großen Krise dieser Branche um das Jahr 2000 herum wurde sie auch gerne mal totgesagt, nun ist sie jedoch auf dem besten Wege, richtig erwachsen zu werden: Mittlerweile schätzt der *Bundesverband der Digitalen Wirtschaft (BVDW)* die Zahl der Beschäftigten der deutschen Online-Branche auf fast 500.000 (Stand 2014). Und die meisten der Unternehmen verdienen sogar solides Geld: Mit 85 Milliarden Euro Umsatz liegt der Anteil am Bruttoinlandsprodukt laut *BVDW* bei immerhin schon 3,1%.

Schon länger ist *United Internet* an der Börse, zuletzt kamen auch noch *Rocket Internet* und *Zalando* dazu. Obwohl es also mittlerweile sogar deutsche Internet-Konzerne gibt, kommt die Masse der Arbeitsplätze, Umsätze und Innovationen, wie auch in anderen Branchen, aus dem Mittelstand. In dem Buch „**Online-Mittelstand in Deutschland – Erfolgreiche Gründer der Internet-Branche im Gespräch**" möchten wir einen Blick auf die Unternehmerpersönlichkeiten werfen, die diesen Mittelstand aufgebaut haben und weiterhin aufbauen. Einen repräsentativen Auszug hieraus stellt das Interview in diesem Büchlein dar.

Thomas Promny
Online-Mittelstand in Deutschland
Online-Mittelstand in Deutschland
Erfolgreiche Gründer der Internet-Branche im Gespräch
Thomas Promny

Das Interview in diesem Büchlein stammt aus dem Buch **„Online-Mittelstand in Deutschland – Erfolgreiche Gründer der Internet-Branche im Gespräch"** von Thomas Promny, in dem weitere 19 Gründer und immerhin auch eine Gründerin ihre spannenden Geschichten erzählen: Sie beinhalten viele Auf und Abs, einige Fehler und Sackgassen, aber auch entscheidende Hintergründe und so manches Erfolgsgeheimnis.

Das Buch beinhaltet auf 428 Seiten folgende Interviews:

Sebastian Diemer - Kreditech
Florian Heinemann - Project A
Matthias Henze - Jimdo
Heiko Hubertz - Bigpoint
Wolfgang Macht - Netzpiloten
Tarek Müller - AboutYou
Patrick Postel - Silpion
Freise, Ostermayer, Rehling - Handy.de, blau.de
Jan Schlüter - Mediakraft
Torsten Schnoor - guenstiger.de
Matthias Schrader - SinnerSchrader
Tim Schumacher - Sedo
Jens Schumann - Tipp24
Dr. Friedrich Schwandt - Statista
Christoph Schäfer - Performance Media
Yvonne Tesch - Maryme
Thomas Wagner - Unister
Kai Wawrzinek - Goodgame Studios

Jetzt bestellen bei oder kostenlos probelesen auf Online-Mittelstand.de

Dr. Florian Heinemann

Gründer der *Project A Ventures GmbH & Co. KG*

Jahrgang: 1976

Firma: *Project A Ventures GmbH & Co. KG*

Standort: Berlin

Dr. Florian Heinemann ist nicht nur dem Titel nach der Wissenschaftler der deutschen Online-Branche. Er ist zudem der wahrscheinlich beste deutschsprachige Speaker zum Thema Online-Marketing und *E-Commerce* – und einer der erfolgreichsten Unternehmer.

Gestartet mit kleineren Unternehmen war er später einer der führenden Köpfe hinter *Rocket Internet*, dem Internet-Inkubator, der erfolgreiche Unternehmen in Serie produziert und das Thema Online -Performance-Marketing skalierbar gemacht hat. In nie dagewesener Geschwindigkeit wurden Unternehmen wie *Zalando, eDarling* oder *Groupon* aus der Taufe gehoben und innerhalb kürzester Zeit zu Marktführern gemacht.

Heute ist er Geschäftsführer eines *Company-Builders*, der sowohl Projekte inkubiert als auch als Frühphasen-*Venture-Capital*-Fonds aktiv ist.

Florian, vielen Dank, dass Du Dir Zeit genommen hast. Wie bist Du zum Internet-Unternehmer geworden?

Das war eigentlich reiner Zufall. Ich bin 1976 geboren, habe familiär nie besonderen Bezug zum Unternehmertum gehabt und zunächst ganz unspektakulär BWL studiert. Ein Absolvent meines Gymnasiums hatte zuvor von der Hochschule *WHU* erzählt und dass er nach seinem Studium eine Art Unternehmensberater für Entwicklungsländer bei der *Weltbank* geworden war. Was ein Unternehmensberater macht, war für mich damals noch neu, aber es hat mir gefallen, also bin ich an die *WHU* gegangen, habe mit großer Freude BWL studiert und 1999 abgeschlossen —

> Meine Alternative zum Unternehmertum war zunächst eine Promotion.

kurz nachdem Oliver Samwer, ebenfalls *WHU*-Absolvent, *Alando* gegründet hatte. Es war zwar damals noch nicht weit verbreitet, sich selbständig zu machen und Internet-Start-Ups zu gründen, aber den Gedanken, das mit 23 Jahren recht risikofrei auszuprobieren, fand ich schon sehr reizvoll. Meine Alternative war damals lustigerweise eine Promotion am Controlling-Lehrstuhl, denn anders als man meinen könnte, hat die Wissenschaft mit dem Unternehmertum gar nicht so wenig gemeinsam: Die Risiko-komponente ist eine andere, aber in beiden Fällen ist man relativ frei bei dem, was man tut, sehr selbstbestimmt und arbeitet primär inhaltlich, nicht politisch.

Über Malte Brettel, heute Professor an der *RWTH Aachen*, bin ich dann in *JustBooks*, ein Marktplatz-Projekt für gebrauchte Bücher, gerutscht, auch weil ich für die damalige Zeit schon recht internetaffin war. Ich habe mich dort um die Kundenakquise gekümmert und somit meine Online-Marketing-Karriere begonnen. Das habe ich fast drei Jahre lang als einer der Gründer bzw. Geschäftsführer gemacht, als 2001 das Unternehmen von *AbeBooks* aus Kanada übernommen wurde. Daraus entstand *AbeBooks Europe* und wir haben in der Gesellschaft das europäische Business für *AbeBooks* betrieben. Nach mehr als einem halben Jahr hätte ich dann eigent-lich nach Kanada gemusst, aber letztendlich wollte ich doch noch promo-vieren, hatte gerade meine spätere Frau kennengelernt und wollte eigentlich gar nicht aus Deutschland weg, also bin ich geblieben.

War 2001 für euch eine Zeit, in der man einen profitablen Exit machen konnte oder war das eher ein Notausgang?

So unglaublich das im Nachhinein sein mag, bei uns hat das alles noch halbwegs gut funktioniert, auch weil alle Beteiligten trotz der widrigen äußeren Umstände die Nerven behalten haben. Im Juni 2001 haben wir Kontakt wegen des Exits aufgenommen, Anfang September waren wir uns im Prinzip handelseinig. Da war die *New-Economy*-Blase ja schon längst geplatzt – dann kam noch der 11. September und die Welt brach zusammen, das war wirklich krass. Dennoch wurde der Deal noch im Oktober 2011 durchgezogen. Wir sind damit nicht reich geworden, haben aber einen sehr guten *Share* an *AbeBooks* bekommen, das dann vier Jahre später für einen sehr vernünftigen Preis an *Amazon* verkauft worden ist. Außerdem wurde *Burda*, unser damaliger *Venture Capitalist*, der größte Investor bei *AbeBooks* und kaufte die Gründer wieder heraus. Trotz des kleineren Anteils haben wir also einen finanziell lohnenswerten *Reverse Takeover* gemacht, vor allem für die damalige Zeit, denn danach brach wirklich alles zusammen.

Ihr wart aber noch nicht profitabel?

Nein, wir hätten nochmals Geld gebraucht – und wie einer unserer Investmentmanager bei *Burda* damals sehr schön sagte, „wir hätten sogar Geld von Osama bin Laden genommen". Es war schlicht unmöglich, an Geld zu kommen, der neue Markt war komplett implodiert, *Venture Capital* spätestens nach dem 11. September in Deutschland quasi nicht mehr existent. Umso erstaunlicher, dass *Jamba* zu der Zeit losgelaufen ist, das war wirklich ein antizyklischer Wahnsinns-Move. Ich bin dann Mitte 2002 bei *AbeBooks* ausgeschieden, habe die Promotion an der Handelshochschule Leipzig begonnen – und kurz darauf den Job bei *Jamba* bzw. dem Dating-Portal *iLove* angefangen. Zusammen mit Christian Vollmann haben wir das Portal vorangetrieben und später auch das Online- und Performance-Marketing für *Jamba* übernommen.

> Jamba war
> ein antizyklischer Wahnsinns-Move.

War das Zufall, dass Du dort gelandet bist, oder kanntest Du Oli Samwer schon vorher?

Wir kannten uns gut von der Uni und einer Stipendiaten-Gruppe der *Studienstiftung des deutschen Volkes*. Als ich dann nach Berlin gekommen bin, war es relativ naheliegend, dass ich da involviert werden könnte, er hat ja auch damals stets Leute für seine Themen gesucht. Ich fand den Gedanken an eine Dating-Plattform interessant, vor allem, ob man es noch gegen so etablierte Plattformen wie *FriendScout* schaffen konnte. Wir waren mutig genug, es zu versuchen, und es hat geklappt, *iLove* war sicher vier bis fünf Jahre lang eine relevante Nummer in diesem Bereich. Auch *Jamba* hat davon profitiert, weil wir damals sehr modernes Online-Performance-Marketing eingeführt haben und die Aktivitäten dann auf *Jamba* übertragen und mit TV verknüpft wurden. Daher war *Jamba* auch trotz der durchaus diskussionswürdigen Produkte konzeptionell eine so spannende Lernerfahrung für mich – und letztendlich die Basis dafür, was *Rocket* und andere heute noch machen: Digitales Performance-Marketing über alle Kanäle anhand von einheitlichen *KPI*s inklusive TV. Und international wurde mit Muttersprachlern aus einem Standort – Berlin – agiert. TV genauso oder zumindest ähnlich wie *SEA* zu messen, war damals durchaus ein revolutionärer Ansatz.

Relativ viele Themen und grundsätzliche Konzepte, die wir auch heute noch nutzen, sind damals entstanden bzw. wurden erstmalig in der Konsequenz auf den ja noch sehr jungen Digitalbereich übertragen. Ein Kernprinzip war, sich sehr stark auf die Performance im Sinne von *Direct Response* von Marketing-Aktivitäten zu fokussieren und den *Brand*-Effekt eher zu vernachlässigen bzw. als Nebeneffekt zu betrachten, das würde man heute sicherlich nicht mehr so machen. Ebenso glaube ich, dass das *CLV*-Paradigma sehr viel Sinn macht, also zu sagen, man reinvestiert über eine gewisse Laufzeit den *Lifetime-Value* eines Nutzers ins Marketing. Es war der Versuch, eine einheitliche Zahlbasis über alle Aktivitäten bzw. Kanäle zu generieren, und zudem keine fixen Budgets mehr zu haben, sondern Zielakquisitionskosten pro Kunden zu definieren, die man ausgeben kann, unabhängig von der Summe. Das war eine sehr lehrreiche Zeit.

Du hast also das Performance-Marketing damals zumindest in Deutschland miterfunden und damit auch den Grundstein für den Erfolg diverser Start-Ups der letzten Jahre gelegt. Dieses rasante Wachstum wirkt von außen betrachtet häufig sehr unnatürlich, aber es hat in vielen Fällen sehr gut funktioniert …

Richtig, und auch *Jamba* war eine Zeit lang hochprofitabel, das war kein blindes Geld-Ausgeben. Ein paar Makrofaktoren haben das begünstigt und der schlechte Werbemarkt nach 2001 hat es überhaupt erst ermöglicht, bei *MTV* und *Viva*, aber auch online so viel Werbung zu schalten. Beispielsweise war *Google AdWords* ja gerade erst gestartet und natürlich noch wesentlich weniger ausgereift als heute. Das zu nutzen und beispielsweise mit einer Erfolgsmessung durch SMS-*Shortcodes* für TV-Werbung zu verbinden, war einfach eine andere, neue Denke. Zu sagen, ich mache keine zielgruppenbasierte Werbung mehr und konzentriere mich nur noch auf Performance bzw. *Direct Response*, war neu. Die Zielgruppe identifizierte sich sozusagen durch hohe *Direct-Response*-Werte selbst, ähnlich wie bei *Google AdWords* durch den Suchbegriff.

Richtig. Zudem wurde das Ganze von der einzelnen Transaktion weg- und hin zu einer Kundenbeziehung gebracht, also der Shift vom transaktionalen zum Relationship-Marketing. Das war sehr spannend und 2005 konnte ich das an der *RWTH Aachen* parallel zu meiner Promotion und später Habilitation weiterverfolgen: Dort entstand auch der sehr aktive Entrepreneurship-Lehrstuhl und ein gemeinsames Projekt mit Lehrstuhl-Kollegen und einem renommierten Experten für Forschungsantikörper, nämlich die *Antibodies-Online*-Plattform, die heute mit Sicherheit eines der spannendsten Unternehmen in diesem Bereich ist. Parallel habe ich auch für die Samwer-Brüder einige Projekte gemacht, vor allem für den *European Founders Fund (EFF)*, der nach *Jamba* entstanden ist und zum Investment-vehikel wurde. Es war zu Beginn aber noch ziemlich traditionell und hatte nichts mit dem *Company-Building*-Ansatz zu tun. Themen wurden nicht operativ vorangetrieben, sondern von anderen erfundene Unternehmen gefördert. Erfolgreiche Start-Ups wie *MyVideo*, *Bigpoint*, *StudiVZ* sind in der Zeit dort finanziert worden.

Genau, 2007 kam dann der Gedanke, das Investieren doch operativer, *execution*-lastiger zu gestalten. Insbesondere Oliver Samwer war überzeugt davon, dass man durch systematisch bessere *Execution* den Unternehmens- und damit auch den Investitionserfolg signifikant würde steigern können. Aus dieser Überzeugung resultierte im Sommer 2007 die Initiative zum Start von *Rocket Internet*, ich bin im September desselben Jahres als einer der Geschäftsführer dazugestoßen.

> Oliver war ganz klar im Lead, was die Entscheidungen anging.

Ja, ich habe eigentlich immer Marketing-fokussierte Themen übernommen, auch wenn damals noch nicht klar war, wie genau wir uns aufstellen würden. *Rocket* war – und ist vermutlich auch noch heute – ähnlich einem patriarchalisch geführten Mittelständler, was die Entscheidungsfindung betrifft: Oliver war ganz klar im *Lead*, was die wesentlichen Entscheidungen anging. Sicherlich wurden wir gehört, aber das endgültige Ja oder Nein kam von ihm persönlich.

Im Marketing-Team haben wir dann überlegt, wie das optimale Team aussehen sollte, um die perfekte Unterstützung für die *Ventures* zu leisten.

Wir haben schnell gemerkt, dass es nicht nur um die richtigen Leute geht, sondern dass eine Skalierung auch die richtigen *Tools* bzw. die richtige Infrastruktur erfordert. Also haben wir schrittweise *Tools* von Drittanbietern für alle relevanten Bereiche ausgewählt, sodass alle recht schnell ähnliche *Bid-Management-Tools* und ähnliche *Affiliate*-Netzwerke wie *Doubleclick* als *Adserver* verwendet haben. Im nächsten Schritt haben wir angefangen, unsere ersten *Tools* selbst zu bauen, in diesem Fall *Data Warehouses* bzw. *Business-Intelligence*-Lösungen, die dann mit den Dritt-*Tools* ergänzt wurden. So haben wir versucht, uns jeden Bereich auch infrastrukturell zu erschließen.

Heute ist *Rocket Internet* an der Börse und Milliarden wert – habt ihr euch damals schon diesen Erfolg vorstellen können?

Rocket Internet war eine Zeit lang eher ein Nebenprojekt.

Gegebenenfalls konnten das die Samwer-Brüder, wir in der operativen Geschäftsführung eher nicht, nein. Zudem war das Thema *Rocket Internet* anfangs gar nicht so stark im Fokus der Investmentaktivitäten, der lag weiterhin auf dem *European Founders Fund*, da floss das meiste Geld rein, während *Rocket Internet* eher ein Nebenprojekt bzw. kleines Experiment war. Inkubationsprojekte benötigen nun mal naturgemäß ihre Zeit, aber der Fokus wechselte, als *Lehman* im Spätsommer 2008 pleiteging und die nächste Krise begann. Zu dem Zeitpunkt funktionierten die ersten zarten Pflänzchen von *Rocket* bereits.

Es mehrten sich also die Anzeichen, dass es für alle Beteiligten clever sein kann, eine gute und bewiesene Idee primär von Dritten finanzieren zu lassen und an dem Unternehmen als Inkubator einen sehr großen Anteil zu behalten. Das wurde zum Grundmodell und als in der Finanzkrise 2008 das reine *VC*-Modell immer schwieriger wurde, hat man sich voll darauf konzentriert, die *Rocket*-Themen voranzutreiben. Die Samwers sind hierbei sehr unternehmerisch vorgegangen und haben mit eigenem Geld die Pflänzchen, die halbwegs sinnvoll waren, durchgebracht. So wechselte auch der inhaltliche Arbeitsfokus der Samwers und resultierte 2009 im Start von *eDarling*.

Das war der nächste große Schritt für *Rocket*?

Ja, aus meiner Sicht war die Dating-Plattform *eDarling* das erste moderne *Rocket-Venture*: Relevantes *Funding* direkt von Beginn an zu für damalige Zeiten großen Bewertungen im hohen siebenstelligen Bereich und sehr schnell internationalisierte Strukturen. Innerhalb von sechs Monaten nach dem Online-Gang hat sich dann auch schon der US-amerikanische damalige Marktführer *eHarmony* beteiligt: Wie aus dem Nichts kam innerhalb von zwei, drei Monaten ein Player an den Markt, der enorm für Wirbel sorgte und extrem schnelles Wachstum zeigte. Die nächste Steigerung war dann mit Sicherheit *Groupon*. Das war noch eine Ecke extremer, mit noch mehr Geld und noch schnellerer internationaler Expansion auch über die Grenzen Europas hinaus. Parallel kam noch die Entwicklung von *Zalando* als weiterer Treiber hinzu.

Zalando ist Mitte 2008 gestartet, aber bis Mitte 2009 war noch nicht so richtig klar, welche Richtung dies nehmen würde. Dann kristallisierte sich zunehmend heraus, das hier potenziell etwas Relevantes entstand. Anfang 2010 kam der TV-Deal mit *ProSiebenSat1*, der *Zalando* in eine ganz andere Wahrnehmungskategorie hob. Das hat aus meiner Sicht die Gesamtentwicklung bei *Rocket Internet* enorm vorangetrieben, alles war extrem konsequent und letztendlich eine recht logische Ableitung.

Ich denke, das ist zutreffend, ja. Das alles folgte immer mehr einem sehr schematischen Ansatz, den man auch heute noch bei *Rocket* beobachten kann: Geographien bzw. Regionen auf der einen Achse, Geschäftsmodelle auf der anderen. Dann wird geschaut, welche Modelle gibt es bereits wo, welcher Markt ist groß genug etc., und daraus ergibt sich dann eine Priorität von Region-Geschäftsmodell-Kombinationen. Begleitend wurde die Infrastruktur weiterentwickelt und ein stärkerer Fokus auf Systeme gelegt: *Alice & Bob* zum Beispiel, das Shop-System von *Rocket*, eine erste Version eines *Data-Warehouse* etc. – also alles Dinge, die einen letztendlich in die Lage versetzen, sehr schnell Geschäftsmodelle international auszurollen. So hat man nicht mehr nur zentrale Teams, sondern auf einmal auch eine Infrastruktur, einen Technologie-Stack.

Nein, mittlerweile geht es um viel mehr, das muss man fairerweise sagen. 2007 hat es noch gereicht, ein Projekt über nicht viel mehr als gutes Performance-Marketing zu positionieren. Häufig beschränkte sich dies auf etwas besseres Suchmaschinen-Marketing, also *SEA* und *SEO*, um sich vom Wettbewerb abzugrenzen. Mit den heutigen Anforderungen ist beispielsweise eine *E-Commerce*-Firma zumindest ab einer gewissen Flughöhe eine ganz andere Herausforderung geworden: Ausschließlich mit besserem Suchmaschinen-Marketing bekommt man diese Firmen nicht mehr vom Boden. Heute benötigt man eine sehr leistungsfähige technische Infrastruktur, muss verstehen, wie die *Customer Journey* aussieht, dazu passende Modelle zur *Attribution* anwenden können, über verschiedenste Kanäle gleichgerichtet kommunizieren, schauen, wie alles zusammen wirkt – und das ist nur der Anfang.

CRM ist extrem wichtig geworden, sonst bekommt man die Marketing-Kosten nicht in den Griff. Hinzu kommt die ganze operative Komplexität dieser *E-Commerce*-Modelle: So muss man bei vielen Modellen in der Lage sein, Eigenmarken zu entwickeln. Im Mode-Bereich bedeutet das eine Art Mini-*H&M* mit Entwicklung und Design, Produktion, Qualitätskontrolle etc. Das bringt ein deutlich anderes Maß an Komplexität und Kompetenzanforderung mit sich, als einfach „nur" besseres Performance-Marketing zu machen.

Und das ist einfach sehr schwer. Ebenso wie mit gutem Performance-Marketing kann man mit Media bzw. Reichweite ein bereits funktionierendes Modell größer machen. Aber man ist dadurch nicht in der Lage, ein noch nicht funktionierendes Modell auf Flughöhe zu bekommen, das ist ein fataler Fehlschluss. In der Tat war das mal anders: Eine richtig nachhaltige Firma konnte man auf diese Weise wahrscheinlich noch nie aufbauen, aber für die initialen Entwicklungsstufen war es ausreichend. Heute ist das Anforderungsniveau auf allen anderen Ebenen gestiegen, oder anders ausgedrückt: Performance-Marketing ist jetzt eine notwendige, aber nicht mehr hinreichende Bedingung für den Erfolg von *E-Commerce*-Modellen.

Viele fühlen sich da vielleicht auf den Schlips getreten, wenn sie kopiert werden und ich habe dazu eine sehr klare Meinung – aber zunächst muss man den Maßstab für gut und schlecht definieren: Generell hat jedes innerhalb des legalen Rahmens agierende Unternehmen und jede unternehmerische Aktivität aus gesellschaftlicher Sicht erstmal etwas Positives, da z.B. in Arbeitsteilung Serviceleistungen erbracht und Arbeitsplätze geschaffen werden. Konkurrenz ist dabei aus volkswirtschaftlicher Sicht begrüßenswert: Sie führt zur kontinuierlichen Weiterentwicklung von Ideen bzw. Modellen, niedrigeren Preisen, effizienterer Ressourcen-Allokation etc. Und man muss beachten, dass Konkurrenz erst dann entsteht, wenn Leute Gleichartiges tun. So gesehen ist ein *Copy-Cat*-Business also etwas Gutes, es ist ein Treiber für Fortschritte bei der Ressourcennutzung.

> Der Online-Schuh-Verkauf muss nicht vor „bösen" Copy Cats beschützt werden.

Gerechtfertigte Ausnahmen von diesem Prinzip werden seit Jahrhunderten diskutiert und im Rahmen der Patent-Vergabe gemacht, die letztendlich ein temporäres Monopol ermöglicht. Dies gilt beispielsweise für Pharma-Unternehmen, die sehr viel Zeit, Aufwand und Ressourcen in die erfolgreiche Erforschung und Entwicklung eines innovativen Themas investiert haben. Diesen gewährt das Patent eine Art Monopolrendite, letztendlich auch, um den Anreiz für neue Innovatoren zu schaffen, all das zu investieren. Und es gibt aus meiner Sicht keinen Grund, warum dieses Gedankenmodell nicht auch für die Digitalwirtschaft gelten sollte. Meine Überzeugung ist hierbei jedoch, dass Geschäftsmodelle wie der Online-Schuh-Verkauf oder das Verkuppeln von Menschen im Internet nicht unter Schutz gestellt werden sollten: Solche Ideen für sich genommen rechtfertigen kein Patent und folglich auch kein temporäres Monopol, das wäre eher kontraproduktiv. Wenn man dieser Argumentation folgt, bedeutet das aber auch, dass die allermeisten Themen bzw. Geschäftsmodelle im Internet es objektiv nicht verdient haben, vor „bösen" *Copy Cats* beschützt zu werden. Und das ist genau die Schlussfolgerung, die viele Leute nicht ziehen. Die Notwendigkeit, den Verkauf von Schuhen über eine Webseite zu schützen, sehe ich einfach nicht, die Erforschung von Ebola-Impfstoffen zu honorieren, aber durchaus.

Hinzu kommt die Konsequenz aus der Vermeidung von *Copy-Cats*: Monopole.

Absolut, wir sehen ja an vielen Stellen, dass quasi-monopolistische Strukturen mit Sicherheit nicht optimal sind.

Im Internet-Handel allerdings gibt es so zahlreiche und vielfältige Konkurrenz und entsprechend seit Jahren schrumpfende Margen für die Händler – kann man in zehn Jahren damit noch Geld verdienen?

Ein reiner Drittmarkenhändler wird zumindest in industrialisierten Märkten kaum eine Chance haben, das scheint in meinen Augen klar zu sein. Das Argument, Ware für den Konsumenten überhaupt verfügbar zu machen, war nach dem Zweiten Weltkrieg sehr wichtig, so sind *Otto*, *Quelle* und andere Katalogversender generell groß geworden. Heute ist das nur noch in einigen *Emerging Markets* relevant.

> Daher sollte man sich doch in Ländern mit einem eher unterentwickelten Angebot an Händlern, wie beispielsweise in Indonesien, grundsätzlich ein *Copy Cat* wünschen, oder?

Absolut, das Verfügbarmachen von Produkten hat dort relevante positive Auswirkungen auf die Lebensqualität, das sollte bei der Bewertung eines Modells zumindest eine Rolle spielen. Man kann sich dann immer noch streiten, ob dem Ideengeber ein gewisses Schutzrecht und daraus abgeleitete Einnahmen beispielsweise in Form von Lizenzgebühren zustehen. Aber dieses Herstellen der Warenverfügbarkeit muss doch positiv berücksichtigt werden. Die Offline-Handelsstruktur in solchen Ländern ist nun mal eine ganz andere als bei uns, daher hat die Online-Warenverfügbarkeit dort eine ganz andere Sinnhaftigkeit.

> Online-Warenverfügbarkeit hat ernsthafte Auswirkungen auf die Lebensqualität.

> Wie steht es bei uns, in Europa oder in den USA um den Handel?

In Europa bzw. entwickelten Märkten gibt es meines Erachtens nur zwei wesentliche Wege, mit digitalem Handel Geld zu verdienen: Der eine ist der Infrastruktur- bzw. der Plattform-Ansatz. Diesen beschreitet traditionell *Otto* mit *Hermes*, *EOS* und natürlich auch *Amazon* mit Dienstleistungen wie *Marketplace*, Logistik, Cloud-Services etc.: *Amazon* wirkt häufig eher wie eine IT- und Infrastruktur-Company, die zufällig auch mit Produkten handelt. Das Erwirtschaften von direkten Deckungsbeiträgen durch Handel scheint dabei ein nachgelagertes Ziel zu sein und wird eher über die komplementären bzw. angegliederten Businessmodelle erzeugt. Bei entsprechender Skalierung und Vielfältigkeit der komplementären Einnahmenströme lässt sich so eine sehr gut zu verteidigende Position aufbauen. Diese spiegelt sich letztendlich in einer überlegenen Monetarisierungsstärke pro Nutzer bzw. Kunde.

Der andere Weg geht über den Aufbau einer Eigenmarke als tatsächlicher *Brand*, der es erlaubt, dem margenzehrenden Konkurrenzkampf beim Handel von Drittmarken zu entgehen. *Asos* ist hier sicherlich eines der prominentesten Beispiele. *Zalando* beschreitet derzeit aus meiner Sicht einen Mischansatz aus Plattform plus *Brand*, indem einerseits Eigenmarken zu profilierten Marken aufgebaut werden und andererseits die proprietäre

Infrastruktur aus IT, Logistik etc. auch Drittmarken zur Verfügung gestellt wird.

Ist es vielleicht auch eine Frage der Firmenkultur, den Fokus auf Marke oder IT/Infrastruktur zu legen?

Das ist eine interessante Frage: Die Vermutung liegt schon nahe, dass die primäre Prägung in die eine oder andere Richtung durch die Firmen-DNA vorgegeben wird. Andererseits ging *Amazon* lange den sehr konsequenten Infrastrukturweg, jetzt aber *launchen* sie auch immer wieder Eigenmarken mit Profilierungsanspruch. Es bleibt abzuwarten, ob sich beides erfolgreich und gleichberechtigt auf Dauer umsetzen lässt. Bei *Zalando* war umgekehrt vermutlich über längere Zeit der *Brand*-Weg dominant, jetzt erfolgt ein sehr starker Infrastruktur-Fokus. So oder so, klar ist: Nur Drittmarken zu handeln, ist außer in *Emerging Markets* als Existenzberechtigung zu wenig, und in jedem Fall muss man eine IT- bzw. Technologiegetriebene Firma sein. Mit einer einkaufs-, sortimentsstarken DNA, die Händler früher groß gemacht hat, ist man aus meiner Sicht im heutigen *E-Commerce*-Umfeld eher schlecht aufgestellt.

Drittmarkenhändler wird es in zehn Jahren also noch geben, aber sie werden alle kein Geld verdienen – oder kommt noch eine deutliche Konsolidierung?

Bis zu einer gewissen Flughöhe wird es sicherlich Spezialhändler geben, die ihre Spezialsortimente an Drittmarken profitabel verkaufen. Gleichzeitig sind solche Segmente aber zu klein für die *Ottos, Amazons* oder *Zalandos*, als dass die das ernsthaft bearbeiten würden. Ansonsten muss es zwangsläufig eine Konsolidierung geben. Es hat ja schon viele Katalog-*Retailer* erwischt, da sich diese häufig mit der Umstellung auf primäre Online-Abwicklung extrem schwer getan haben. Als nächstes haben es die Online-Händler sehr schwer, die weder im Infrastrukturbereich noch im *Brand*-Bereich die richtige Aufstellung haben, das ist nur eine Frage der Zeit.

Haben denn kleinere Händler in Deinen Augen noch eine Chance? Man kann doch mit Standard-Software, guten Shop-Systemen und wenig Geld ein Handelsbusiness aufbauen, wenn man schlau ist und eine Nische findet, oder ist das in den letzten Jahren schon klar zurückgegangen?

Wir haben ja nach meinem Wissen immer noch ein starkes Wachstum des gesamten *E-Commerce*-Marktes, das primär durch drei Arten von *Merchants* getrieben wird: Erstens die großen Voll- bzw. Multisortimenter wie *Amazon*, zweitens die spezialisierten Online-*Pureplayer* bzw. Spieler mit klarem Digitalschwerpunkt wie *Zalando, Zooplus, Notebooksbilliger* etc. und drittens die *Micro-Seller*, die in Eigenregie 100.000 bis fünf Millionen Euro Umsatz machen. Wenn ich die Zahlen richtig deute, sind eben diese Kleinen eine ganze Zeit lang überproportional gewachsen. Das hat sich aber in jüngster Zeit in Richtung der großen und breiten sowie der spezialisierten Händler verschoben – auch wenn die Kleinen weiterhin wachsen. Insofern würde ich die These wagen, dass ein spezialisierter Kleinhändler auch weiterhin Erfolg in der Nische haben und ein paar Hunderttausend oder auch ein bis zwei Millionen Euro Umsatz machen kann, auch durch die Nutzung von Marktplätzen wie *Amazon* und *eBay*. Hier sind die Eintrittsbarrieren in der Tat eher gesunken.

Und wenn man höher hinaus will?

Will man eine gewisse Flughöhe von beispielsweise 50 Millionen Euro überschreiten, wird es deutlich schwieriger, vor allem, weil man die Sortimentsnische verlassen muss und die Anforderungen an Abwicklungs-, Technologiekompetenz etc. zunehmen. Klar landet man gegebenenfalls einen sortimentsseitigen Zufallstreffer und betreibt quasi *Arbitrage* auf dieser Informationsasymmetrie. Dann jedoch kommen bei dieser Flughöhe *Amazon* & Co. ganz schnell ins Spiel und die Opportunität ist vorüber. *Arbitrage* ist eben per Definition auf Dauer schwierig und wird mit zunehmender Informationstransparenz immer schwieriger. Das gilt auch im Handelsbereich.

Okay, aber ist es vorstellbar, dass diese Einstiegshürde in Form von proprietären Technologien z.B. 2018 verschwindet? Dass es das alles dann praktisch von der Stange gibt, es kaum Geld kostet und sich die Gesamtsituation wieder ändert?

Einerseits absolut, ja. Das sieht man beispielsweise an der Entwicklung von *Shopify* oder auch von *Tictail*. Jeder kann das heutzutage kostenfrei oder für relativ geringe Kosten nutzen. Das funktioniert schon sehr gut und ist in Funktionalität und Usability enorm leistungsfähig – 2001 wäre man damit in jedem Fall sehr weit vorne gewesen.

Andererseits speist sich die Wettbewerbsfähigkeit

> Der interessante Differenzierungsfaktor: Die Personalisierung deiner Webseiten.

auch aus Daten, wie man diese nutzt, interpretiert, Entscheidungen dazu trifft, um eine kontinuierliche Weiterentwicklung des Geschäfts zu betreiben. Ein wesentlicher Differenzierungsfaktor wird dann sein, wie gut man in der Lage ist, die Personalisierung seiner Webseiten und Applikationen in Kenntnis der Kunden voranzutreiben. Welche Daten hat man über seine Kunden, was für Rückschlüsse zieht man daraus im *CRM*-Bereich etc.

Amazon und andere versuchen ja, über alle Kunden hinweg ein hohes Maß an Individualisierung der Shops bzw. der *User Experience* und somit eine höhere Monetarisierung pro User bzw. Kunde zu erreichen. Ich glaube, das gelingt nicht mehr nur über Technologie, Funktionalitäten und *Tools*, sondern durch zur Verfügung stehende Datenkompetenz – und genau das wird wiederum die nächste Hürde sein. Um das gut zu machen, muss man im Prinzip nicht nur *Ex-post-Analytics*, sondern auch *Predictive Analytics* machen. Die gesamte Datenhaltung muss skalierbar werden, sehr schnell interpretierbar, sodass man sehr schnell Entscheidungen treffen kann. Das werden dann nur große Spieler mit individueller Prägung können – trotz *Shopify* oder *Tictail*.

> Es gibt also immer neue technische Herausforderungen, über die sich die besten Shops von den mittelguten differenzieren können?

Die Interpretation von Daten wird die nächste Barriere sein.

Ich denke schon, dass das die nächste Barriere wird. Im digitalen Handel ist in Verbindung mit digitalem Marketing noch alles möglich, aber selbst wenn viele *Tools* für alle zur Verfügung stehen, heißt das noch lange nicht, dass sämtliche Marktteilnehmer sie genauso gut bedienen können und qualitativ ähnliche Entscheidungen treffen. Der *Battleground* der Wettbewerbsfähigkeit wird sich also lediglich verlagern.

> Du meinst, die Basistechnologien, Warenwirtschaft kombiniert mit Marketing und *CRM* etc., werden in fünf Jahren Standard sein, so dass es andere Kriegsschauplätze des Marketing- und Technologie-Wettrüstens geben wird?

Ja, absolut. Der These folgend war es auch ein konsequenter Schritt von uns, unser *E-Commerce*-System *Spryker* herauszugeben bzw. auszugründen. Wir werden ohnehin kaum noch Drittmarkenhandelsmodelle bei *Project A* initiieren, sicherlich noch *E-Commerce*-Modelle, aber eben *Brand*- oder Plattform- bzw. Infrastruktur-fokussierter. Hier werden wir unsere Stärken auch weiterhin nutzen – aber es spricht wenig dagegen, das System gegen Entgelt am Markt zur Verfügung zu stellen. Die durch *Spryker* gewährten Möglichkeiten zur Differenzierung und Individualisierung helfen potenziell sehr vielen *Merchants* weiter, während wir als *Project A* gleichzeitig unsere Kompetenz monetarisieren. Und unsere neuen USPs müssen wir sowieso in anderen Bereichen, sehr wahrscheinlich rund um Datenkompetenz suchen – so ist der Lauf des Fortschritts …

Noch einmal zum Thema *Copy Cats*: Wie kam es dazu, dass Du mit *Project A* Dein eigenes *Copy Cat* von *Rocket Internet* gebaut hast?

Ich war fast fünf Jahre bei *Rocket*, als die Überlegung kam, etwas anderes zu machen. Meine *Project-A*-Mitgründer und ich funktionieren nun mal nicht besonders gut in größeren Organisationen – und *Rocket* war und ist wirklich eine Maschine geworden. Das hat gewiss sehr viele Vorteile, war aber eben für mich immer weniger passend: Ich bin in kleineren Einheiten besser – mir macht es mehr Spaß, Unternehmen halbwegs ganzheitlich zu betreuen und mit diesen gemeinsam neue, elegante Lösungen und Herangehensweisen zu entwickeln. Bei *Rocket* ging es zuletzt im Marketing-, *CRM*- bzw. *BI*-Bereich primär darum, das Gelernte möglichst schnell in ordentlicher Qualität in die nächste Business-Geographie-Kombination zu übertragen. Das war und ist kommerziell zwar hochgradig sinnvoll, hat mir aber eben nicht mehr so viel Spaß gemacht – und offen gestanden kann ich das auch nicht besonders gut.

Also hast Du *Project A* anders aufgezogen?

Ja, zunächst einmal haben wir als Team von vier Gründern überlegt, wie wir Investoren davon überzeugen können, uns relativ viel Geld für einen neuen, stark operativen Investment-Ansatz zu geben. Wir wollten hierbei (a) auch in neuartigere Themen, insbesondere im Infrastruktur-Bereich, investieren, (b) neben Inkubation auch Investments in gründergeführte Unternehmen tätigen, (c) stärker interne Kompetenzen, Infrastruktur und Systeme auch unabhängig von einzelnen *Ventures* entwickeln, (d) uns möglichst früh bei Themen engagieren, um bereits die initiale Prägung der Unternehmen mitzugestalten und (e) fünf Jahre und mehr bekommen, um ausreichend Zeit zu haben, Themen und die interne Infrastruktur entsprechend zu entwickeln. Insbesondere Punkt (c) in Verbindung mit (e) bedingte, dass *Project A* nur in Zusammenarbeit mit einem potenten Geldgeber möglich sein würde: Wir kamen auf eine Mindestgröße von 35 bis 40 Personen, um von Beginn an professionell arbeiten zu können. Damit bei dieser Organisationsgröße Infrastrukturkosten und Investitionsmittel in sinnvoller Relation stehen, was wiederum die Voraussetzung für eine attraktive Rendite-Erwartung darstellt, war klar, dass wir einen Geldtopf in Höhe von mind. 40 bis 50 Millionen Euro benötigten. Und nach einigen Gesprächen haben wir uns mit *Otto* schließlich recht schnell geeinigt.

Wie hat sich Project A anfangs entwickelt?

Wir sind 2012 gestartet und damals noch davon ausgegangen, deutlich stärker inkubationsbasiert zu arbeiten. Aber letztendlich sind wir recht schnell auf ein gleichberechtigtes Miteinander von Inkubation und *Acceleration*, also frühphasigen Investments in gründergeführte Unternehmen, eingeschwenkt. Grundsätzlich sind wir agnostisch, ob ein Gründer die Idee hatte oder wir – Hauptsache, es wird ein gutes Unternehmen, bei dem wir uns einbringen können und an dessen Erfolg wir entsprechend partizipieren. Dabei engagieren wir uns bei drei Arten von Themen: Erstens *E-Commerce*, Marktplätze und transaktionale Modelle. Die unterstützende Infrastruktur, vor allem datengetriebene Technologien, stellen den zweiten Block dar und

> Uns ist es egal, ob ein Gründer oder wir die Idee hatten, Hauptsache, es wird ein gutes Unternehmen.

Software as a Service (SaaS) den dritten. Ziel ist es, für all diese Modelle die optimale Plattform an Kompetenzen, Infrastruktur und auch ähnlich gelagerten Firmen, mit denen man sich austauschen kann, zu bieten.

Warum ist Inkubation nicht euer alleiniger Investment-Ansatz? Das war damals und ist auch heute noch angesagt?

Wir machen das ja weiterhin: Bei ca. 50% der Themen, in die wir investieren, sind wir der Mitinitiator, betreiben also Inkubation. Aber eine Reihe von Co-Investoren in Deutschland und insbesondere auch aus dem Ausland bevorzugt nun mal gründerinitiierte und -geführte Unternehmen, weil sie diese für erfolgswahrscheinlicher halten, insbesondere hinsichtlich der Entstehung von wirklich großen Unternehmen. Und da wir nicht unbedingt einen Überfluss an in Deutschland aktiven Investoren haben, vergrößert es schon den Kreis an potenziellen Co-Investoren, wenn man auch solche Themen im Portfolio hat. Was zu besseren Renditen führen wird, lässt sich aus meiner Sicht ex ante objektiv nur schwer beantworten. Beide Modelle folgen einer in sich stringenten Logik, wir werden daher auf absehbare Zeit beide Modelle parallel verfolgen.

Du hast einige schlaue Geschichten erzählt, die alle erfolgreich waren. Was waren denn Deine größten Misserfolge, was hast Du mal richtig gegen die Wand gefahren?

Vor *Rocket Internet*, bei *Rocket* und auch jetzt bei *Project A* machen wir – und insbesondere natürlich auch ich persönlich – kontinuierlich Fehler. Wir haben ständig irgendwelche Sachen in den Sand gesetzt, das ist eigentlich nichts Außergewöhnliches und struktureller Bestandteil des *VC*-Geschäfts. Bei *Rocket* waren das Projekte wie *DealStreet* oder auch *eCareer*, aber natürlich auch jede Menge Modelle, die unterhalb der Erwartungen blieben, ohne gleich in die Insolvenz zu gehen. Bei *Project A* waren das bislang Themen wie *Amerano* oder auch *Toroleo*, die aus *Project-A*-Sicht ganz klar als Misserfolge einzustufen sind, auch wenn sie heute in neuen Konstellationen durchaus noch existent sind.

Der komplexe Umgang mit den parallel einhergehenden Krisensituationen in Beteiligungen wiegt aus meiner Sicht eher noch schwerer — mir persönlich hängt das zumindest immer deutlich länger nach. Im Nachhinein realisiert man oft, wie bescheuert der eigene Ansatz in einer Krisensituation teilweise war und wie einfach bzw. mit wie wenig mehr Investment man nachfolgende Probleme sehr viel besser hätte vermeiden können.

> Sachen in den Sand zu setzen, ist nichts Außergewöhnliches.

Hattest Du persönlich auch diese unangenehmen Situationen bei Kündigungen?

Ja, solche Gespräche habe ich während meiner gesamten Laufbahn regelmäßig geführt und führe sie vermutlich auch in Zukunft weiterhin hier und da. Wenn es einfach nicht passt, ist das eine Sache. Aber meine ersten wirtschaftlich bedingten Entlassungsgespräche musste ich bei *JustBooks* führen, damals war ich ca. 24 Jahre alt. Jeder, der mich ein wenig kennt, weiß, dass ich eher konfliktscheu und ziemlich harmoniebedürftig bin. Und so ein Gespräch ist für mich immer eine ganz klare persönliche Niederlage. Ich weiß noch sehr genau, wie ich damals da saß und gedacht habe, dass wir es einfach nicht gut genug gemacht, ein Stück weit versagt haben und deshalb jetzt Leute entlassen müssen.

Kannst Du denn bei den gescheiterten Projekten bei Rocket und auch bei Project A irgendwelche Parallelen ziehen, den häufigsten Grund benennen, warum die nicht funktioniert haben?

Grundsätzlich macht man Dinge einfach mal falsch bzw. schätzt Dinge falsch ein, fertig. Das ist Teil des normalen unternehmerischen Handelns. Du hast eine Hypothese aufgestellt und die kann nun mal auch falsch sein, das gehört dazu. Das kann man meiner Meinung nach auch nicht systematisch verändern. Wichtig ist aber, dass man versucht, aus diesen Fehlern zu lernen bzw. diese nicht zu wiederholen.

Unabhängig davon gibt es aber in der Tat Faktoren, die das Scheitern von Projekten systematisch begünstigen. Dabei würde ich gerne zwei Faktoren hervorheben, die aus meiner Erfahrung häufiger auftauchen, deren Auswirkung man aber mit viel Kraft und Konsequenz durchaus reduzieren kann. Fast immer hat Scheitern etwas mit Personenkonstellationen zu tun, das ist der eine Grund. Dabei geht es nicht um schlechte Leute als Individuen, sondern um die Kombinationen und wie diese Individuen zusammenspielen. Wenn das Gründerteam untereinander und/oder wir als operativer Investor hinsichtlich der involvierten Persönlichkeitsstrukturen nicht zusammengepasst haben, konnte das Projekt eigentlich kaum noch gelingen. Dann war es nur eine Frage der Zeit, bis inhaltliche Konflikte kamen, die im Verlauf immer emotionaler wurden. Diese Entwicklungen sind eigentlich sehr oft vorherzusehen – wenn man mehr auf die Persönlichkeitsstrukturen und Konstellationen achtet, kann man typische Konfliktmuster sehr gut erkennen. Mittlerweile bedenken wir diese Punkte deutlich stärker.

> Gute Unternehmer sind konsequent, nehmen Signale wahr und handeln entsprechend.

Der andere Faktor ist, dass wir bei eindeutigen Signalen oftmals zu spät agiert haben. Eigentlich hätte man schon an der Entwicklung früher erkennen können und müssen, dass etwas nicht funktionieren wird. Deshalb wirkt ein Oliver Samwer mit der ihm eigenen Konsequenz oft sehr hart – und gegebenenfalls kann man auch über die angewandten Mittel diskutieren. Aber diese Konsequenz an sich ist aus meiner Erfahrung grundsätzlich richtig und bei ihm vermutlich auch ein Resultat aus genau solchen Erfahrungen: Wenn man das Gefühl hat, etwas läuft falsch, muss man schnell und konsequent reagieren. Gute Unternehmer sind einfach konsequent. Das bestätigt sich in meinen Augen immer wieder, sie nehmen früh Signale wahr und handeln entsprechend. Ich nehme mir das jedes Jahr für das nächste erneut vor: Noch stärker auf die Persönlichkeitskonstellationen zu achten und konsequenter zu sein.

Noch mal zu den erfreulicheren Themen: Euer erster erfolgreicher Exit mit Project A war 2013 der Autoreifenshop Tirendo. Erzähl doch mal davon.

Genau, das war Ende 2013 mit *Tirendo*, einem Shop für Autoreifen, unsere dritte Company – und nach gut anderthalb Jahren der erste große Exit. Der Marktführer *Delticom* war grundsätzlich und insbesondere im Einkauf sehr gut aufstellt. Aber aus unserer Sicht gab es recht klare Defizite im Marketing sowie *CRM* und im Bereich Technologie bzw. Produkt – also wollten wir diese primär digitale Seite des Geschäftes besser machen. Das hat auch sehr ordentlich funktioniert, sodass *Delticom* vergleichsweise schnell ein ausgeprägtes Interesse entwickelt hat, *Tirendo* zu kaufen und das Geschäft schließlich für ca. 50 Millionen Euro übernommen hat. Die Idee war dabei, die Stärken von *Delticom* mit denen von *Tirendo* zu kombinieren. Konzeptionell war das auch sinnvoll, hat aber leider aus verschiedenen Gründen nicht besonders gut funktioniert. Akquisition an sich ist allerdings ein schwieriges Handwerk, das spezifische Expertise und viel Erfahrung erfordert. Bei *Tirendo* hat es einfach nicht geklappt, ohne dass man vermutlich genau sagen kann, wer jetzt in diesem Zusammenhang Fehler gemacht hat bzw. die Verantwortung trägt. In meinen Augen wurde hier sicher eine Chance vertan, für uns war es aber rein finanziell dennoch ein gutes Geschäft.

Neben dem Handel beschäftigt ihr euch am liebsten mit Werbetechnologie. Warum ist das so ein spannendes Thema? Liegt das auch an Deiner persönlichen Leidenschaft für das Online-Marketing und den damit zusammenhängenden Technologien?

Das ist sicherlich ein persönliches Steckenpferd, aber letztendlich auch von der Hypothese getrieben, dass es sich lohnt, in die digitale Infrastruktur zu investieren, selbst wenn einzelne handelsnahe Themen nicht funktionieren. Viele dieser Werbetechnologie-Themen sind für den *E-Commerce* und andere transaktionale Geschäfte relevant: Handelt es sich um eine gute Technologie, die richtig eingesetzt wird, ermöglicht sie idealerweise eine gewisse Differenzierung vom Wettbewerb. Deshalb sind wir in diesen Bereich eingestiegen und da es insgesamt wirklich gut läuft, werden wir auch das Investment-Feld digitale Infrastruktur weiterverfolgen. Jüngst haben wir beispielsweise in eine Plattform zur Abwicklung von internationalem Shipping und in eine dezentrale *E-Commerce*-Plattform für Klein- und Kleinsthändler investiert. Gerade das Thema datengetriebene Lösungen, die eine Umsatz- oder Kosten-relevante Dateninterpretation erlauben, sind hier interessant und die Problemstellungen zunehmend komplexer: Wie kann man *Traffic*-Einkauf und/oder Kundenbindung besser, intelligenter, datengetriebener gestalten? Welche Handlungen lassen sich automatisiert aus den Daten ableiten? Es geht also weniger um Datensammlung, -generierung, und -konsolidierung, sondern viel mehr um die Interpretation.

Obwohl *Google* – denen ungefähr der halbe Online-Werbemarkt gehört –, *Adobe* und einige andere große Player in die anderen Themen noch immer stark investieren. Wird das in den nächsten Jahren ein sehr ungemütlicher Markt oder sind das auch eher Käufer für eure Technologie-Start-Ups?

Zurzeit sind das zumindest theoretisch alles eher Käufer, aber solche Sichtweisen können und sollten sich gegebenenfalls auch ändern. Es wird mit Sicherheit nicht einfach werden – die wirklich einfachen Sachen gibt es auch nicht mehr, irgendeinen Kampf muss man sich wohl aussuchen. Etwas drastisch formuliert, geht es hierbei um das Verhältnis Schmerz zu *Risk Return*. Ich würde derzeit ehrlich gesagt lieber diesen Kampf führen als den im *E-Commerce*-Drittmarkenhandel.

> Es geht um das Verhältnis Schmerz zu Risk Return.

Und vermutlich sollte man auch noch mal differenzieren: *Google* ist für *Tool*-Anbieter insbesondere aus Europa eher eine Bedrohung, *Adobe* und *Oracle* eher Käufer. Solange das so bleibt, ist alles noch okay.

Verglichen mit der Jahrtausendwende, als Du angefangen hast – war es damals oder ist es heute einfacher, ein Internet-Unternehmen aufzubauen?

In meinen Augen waren die Einstiegshürden damals viel höher, in vielerlei Hinsicht: In Deutschland, aber auch insgesamt gab es kaum einfach zugängliche Technologie, kaum *Angel*-Finanzierungen etc. Hat man jedoch den Einstieg bekommen, war es eher leichter als heute. Jetzt kommt man zwar leichter rein, aber hier greift nun das Thema Flughöhe viel härter als damals: Das Überschreiten einer gewissen Relevanzhöhe ist wesentlich schwieriger geworden.

Auf der anderen Seite ist es jetzt wiederum leichter, ein nachhaltiges Business aufzubauen, das vernünftig funktioniert. Heute gibt es zunehmend mehr digitale Konsumenten, die in Sachen digitaler Einkauf auch viel ge-übter sind, wobei gleichzeitig der erforderliche Wissensgrad auch zuge-nommen hat – es hat sich also alles verschoben, ohne dass es grundsätzlich einfacher oder schwieriger wird.

Man sieht die vielen grünen Wiesen von damals und dass diese jetzt alle besetzt sind. Aber in zehn oder 20 Jahren wird man rückblickend auf 2014 auch viele grüne Wiesen sehen, die sind doch heute genauso da, wir sehen sie nur nicht, oder?

> Mich würde es sehr wundern, wenn die Opportunitäten ausgehen.

Ja. Allein Smartphones und die ganzen Möglichkeiten, die sich uns dort wieder erschließen, sind enorm. Das *Internet of Things*, also die Vernetzung von „Nicht-Computern" im eigentlichen Sinne, bietet voraussichtlich ebenfalls viele Möglichkeiten. Insofern würde es mich doch sehr wundern, wenn die Opportunitäten ausgehen …

Wie steht es denn aus Deiner Sicht um den deutschen Internet-Markt? Silicon Valley hat schon vor Jahrzehnten einige Hebel so umgelegt, dass wir hinterherhängen. Können wir, verglichen mit den USA und dem Rest der Welt, dennoch mithalten?

Ich glaube, dass wir handwerklich recht gut aufgestellt sind. Verglichen mit den Amerikanern können wir in den Bereichen Produkt und *User Experience* noch nicht mithalten, in anderen aber durchaus. So ist die deutsche Kompetenz im Performance-Marketing auf jeden Fall wettbewerbsfähig, auch im *BI*-Bereich. Gleiches würde ich auch für einige Technologie-Bereiche behaupten, beispielsweise was *E-Commerce*-Systeme angeht. Dennoch gibt es natürlich auch ein paar Faktoren, die massiv gegen Deutschland sprechen. Wir haben einen riesigen Nachteil in Bezug auf konsumentenorientierte Modelle durch den viel kleineren Heimatmarkt. Zudem ist die begrenzte Verfügbarkeit an Investorenkapital noch immer problematisch. Wir sind aber aus meiner Sicht auf einem guten Weg. Es gibt bereits einige Unternehmen, die internationale Relevanz haben. Solche Dinge brauchen Zeit, das darf man nicht vergessen. Bei uns ging die ganze Internet-Gründerszene nach dem Crash zur Jahrtausendwende erst ab 2006 wieder richtig los, unterbrochen durch die Finanzkrise in 2008 und 2009.

> Handwerklich sind wir in Deutschland recht gut aufgestellt.

Klar ist: Wir benötigen ein noch breiteres Set an Businessmodellen, gerade an Technologie-fokussierten digitalen Modellen, dann würde der Nachteil des kleineren Binnenmarktes nicht so stark ins Gewicht fallen, wie man sehr schön an Israel sehen kann: Dieses relativ kleine Land mit einem wirklich überschaubaren Binnen- oder Heimatmarkt zieht dennoch viel *Venture Capital* an, weil sie schnell auf die Technologie-Schiene gesprungen sind. Das sollte man in Deutschland auch hinbekommen können, strukturelle Hindernisse sehe ich nicht. Es gibt dafür auch genügend qualifizierte Ingenieure, bislang konnte das Ingenieurpotenzial nur nicht ausreichend für digitale Themen mobilisiert werden. Wenn es gelingt, neben Unternehmen wie *Zalando* mehr relevante Technologie-fokussierte Modelle aufzubauen, hätte das mit Sicherheit sehr positive Effekte auf das gesamte Ökosystem. Und es würde zweifelsohne auch mehr Investitionen aus dem In- und Ausland in diesen Bereich nach sich ziehen.

Allerdings fließt zu wenig Geld als Venture Capital in Start-Ups – weil diese Fonds in der Vergangenheit auch nicht so gute Ergebnisse erzielt haben.

Ja, in Europa war *Venture Capital* insgesamt eine überschaubar erfreuliche Anlageklasse. Das müssen wir ändern – und es ändert sich ja bereits an vielen Stellen durch bessere Unternehmen, bessere Investoren und bessere Rahmenbedingungen. Aber Geld wird erst dann verstärkt in den *VC*-Bereich nach Deutschland und Europa fließen, wenn man damit auch angemessene Renditen erwirtschaften kann. Unternehmen wie *Zalando*, *Wooga*, *Research Gate* oder *SoundCloud* zeigen, dass es geht. Es findet also schon eine positive Entwicklung statt. Ein viel größeres und schwerer wiegendes Problem liegt aus meiner Sicht in der schleppenden Digitalisierung der gesamten Corporate-Welt in Deutschland. Das kann sich noch deutlich gravierender auf die Wettbewerbsfähigkeit auswirken.

Du sprichst von unseren großen Konzernen?

Von Konzernen, vom Mittelstand, eigentlich von fast allen. Gerade in den Branchen, die in den letzten Jahrzehnten die wesentlichen Treiber der Wettbewerbsfähigkeit Deutschlands waren, also Maschinenbau, Elektrotechnik und Automobilindustrie, wird die Digitalisierung ohne Zweifel eine wesentliche Rolle spielen. Es muss hier in viel stärkerem Maße ein Erfahrungs-, Wissens- und zum Teil Mentalitätstransfer von Start-Ups in Richtung dieser großen Unternehmen stattfinden. Die Internet-Technologien können zudem auf *E-Commerce*-Start-Ups angewandt werden, wobei der Hebel bei der Digitalisierung der Wertschöpfungsketten der gerade genannten Industrien zweifelsohne ein anderer ist. Ich denke auch nicht, dass der Deutsche nicht unternehmerisch ist und damit ein kulturelles Problem hat: In Deutschland haben wir seit Jahrzehnten einen sehr erfolgreichen und auch innovativen Mittelstand. Wieso sollte sich dieses *Mind-Set* nicht auch in den digitalen Bereich übertragen lassen? Die Amerikaner waren in der Automobilindustrie auch nicht besonders innovativ, sind es jetzt aber eben im digitalen Bereich, was wiederum eine Schlüsselkompetenz für die zukünftige Entwicklung vieler anderer Industrien darstellt. Ich sehe hier kein unlösbares Problem für uns, wir brauchen nur mehr Vorbilder, mehr Leuchtturm-Unternehmer und -Unternehmen, dann ziehen andere nach.

> Dass der Deutsche nicht unternehmerisch sei und ein kulturelles Problem habe, kann ich nicht bestätigen.

Kommen wir nochmal auf das Kapital zu sprechen. Wie könnte man dafür sorgen, dass mehr *Venture Capital* in deutsche Start-Ups investiert wird?

Ich empfinde es als naiv, immer nur zu fordern, dass mehr Geld in den Bereich fließen sollte — man kann den Leuten nicht sagen, sie sollen investieren, wenn es sich finanziell nicht lohnt. Geld folgt in der Regel Rendite und nicht umgekehrt. Ansonsten wäre es Liebhaberei und Personen könnten beispielsweise in den lokalen Fußball-Club oder in sonst etwas mit hoher emotionaler Rendite investieren. Wenn Leute mir Geld geben sollen, muss dem zugrunde liegenden Risiko eine adäquate Renditeerwartung gegenüberstehen, dann kommt das Geld auch. Das Problem ist eher, dass das mit zeitlichem Versatz passiert — europäische Unternehmen aus der Digital-Branche, die heute erfolgreich und wirklich viel wert sind, sind acht bis zwölf Jahre alt,

> Es ist naiv,
> immer nur mehr Geld zu fordern.

erst dann zeigen sich auch die Renditen, dann fließt wieder Geld hinein. Dieser zeitliche Versatz ist ein großes Thema, aber nur schwer abzukürzen, es sei denn, man greift auf staatliches Geld zurück oder arbeitet mit starken Steueranreizen wie in Frankreich. Aber ob das wirklich der bessere Weg ist, kann ich nicht abschließend beurteilen.

Liegt der Unterschied neben den professionellen *Venture-Capital*-Gesellschaften nicht auch in der völlig anderen *Angel*-Investoren-Landschaft in den USA? Während in Deutschland eine ziemlich überschaubare Anzahl von Leuten im Internet-Business Millionäre geworden sind, wurden das im Silicon Valley allein durch den Börsengang von *Twitter* tausende von Mitarbeitern. Und diese Leute investieren dann ziemlich häufig auch relativ freigiebig wieder in neue Gründer.

Ja, auch diese Entwicklung benötigt ihre Zeit. Aber über die letzten fünf bis sechs Jahre hat sich in Bezug auf die Verfügbarkeit und die Professionalität von *Business Angels* in Deutschland sehr viel getan. Das größere Problem hierzulande ist aus meiner Sicht gerade die Finanzierung in der *Series-A*-Runde: In den USA gibt es hunderte von *VCs* und Privatpersonen, die eine bis drei Millionen Dollar in etwas stecken können, was erste gute Entwicklungen zeigt, aber noch nicht so richtig überzeugt hat bzw. noch nicht bewiesen ist. In Deutschland ist die Anzahl solcher Investoren sehr überschaubar. Und für die Anglo-Amerikaner ist eine solche Investitionssumme vielfach noch zu klein, um die damit verbundenen Transaktionskosten in einem fremden Rechtsraum zu rechtfertigen. Gerade für einen US-Investor macht es eigentlich wegen dieser Kosten keinen Sinn, unter fünf bis zehn Millionen Dollar zu investieren. Und wenn sie beispielsweise zehn bis 20 Millionen Dollar als Wachstumskapital geben, fließt der *Return* bei einem erfolgreichen Exit wieder dorthin zurück und bleibt nicht in Deutschland, was auch schade ist.

Ein weiterer wichtiger Unterschied: Die Kultur der Mitarbeiterbeteiligung am Unternehmen ist in den USA viel ausgeprägter.

Das ist absolut richtig, dieser Kulturunterschied ist ein wichtiger Punkt, aber auch die Erfahrungswerte: Wenn mit Börsengängen wie denen von *Facebook*, *Twitter* oder *Google* plötzlich eine Vielzahl von Leuten Millionäre werden, hat es eine ganz andere Penetration in der Gesellschaft. Die Menschen sehen ganz konkret, dass Unternehmensbeteiligungen wirklich etwas wert sein können. Diese Erkenntnis ist bei deutschen Mitarbeitern vielfach noch nicht angekommen. Diese haben häufig eine höhere Wertschätzung für einen Bonus in Höhe von 3.000 Euro als für *Shares*, die gegebenenfalls mal deutlich mehr wert sein könnten – sie nehmen lieber den Spatz in der Hand als die Taube auf dem Dach. Diese Präferenzen werden sich auf Basis der gemachten Erfahrungen verschieben: Wenn du mal drei, vier Freunde hattest, die viel Geld durch *Shares* von irgendeiner Company verdient haben, ändert sich die Sichtweise. Wir sehen das auch intern bei uns: Leute, die bereits bei anderen Start-Ups und/oder Inkubatoren waren, bevorzugen viel öfter *Shares* als Leute, die das Prinzip so nicht kennen. Wenn wir also von Kultur reden, meine ich nicht, dass der Deutsche das nun mal nicht will, weil es nicht in seine Kultur passt. Er kennt es nur noch nicht richtig und das ist ein relevanter Unterschied: Nicht-Kennen kann man ändern, beim grundsätzlichen Nicht-Wollen bzw. Ablehnen ist das schon viel schwieriger.

> Nicht-Kennen kann man ändern, beim Nicht-Wollen wird das schon viel schwieriger.

Ähnlich funktioniert das ja auch beim Wunsch nach Selbstständigkeit: Mit den richtigen Vorbildern, die nah genug an der eigenen Lebensrealität sind, rückt die Vorstellung, sich selbstständig zu machen, sehr schnell in den relevanten Optionsraum. Wenn jetzt beispielsweise ein paar Studenten oder Doktoranden der *RWTH Aachen* ein erfolgreiches Technologie-Unternehmen gründen und sich diese Botschaft wieder an der Uni verbreitet, hat dies eine direkte, sehr positive Auswirkung auf die Selbst-ständigkeitsneigung des sozialen Umfelds. Wir brauchen in Deutschland nur mehr exponiertere Vorbild-Gründer und -Unternehmen mit technolo-gischerer Prägung, dann dreht sich auch die Entwicklung, das ist meine Hoffnung.

Daran arbeiten wir ja auch mit diesem Buch und sorgen hoffentlich dafür, dass das alles auch in Aachen ankommt und ein paar junge Leute motiviert, Unternehmer zu werden.

Ja, das wäre doch schön.

Tausend Dank und weiterhin viel Erfolg!

SNEAK PREVIEW

Der folgende Auszug bietet mit drei weiteren Interviews eine Vorschau auf das vollständige Buch „Online-Mittelstand in Deutschland".

Bestellen Sie jetzt Ihr Exemplar auf www.online-mittelstand.de

DR. FRIEDRICH SCHWANDT

Die Cashflow-finanzierte Welteroberung

JAN SCHLÜTER

Youtube-Stars sind die Popstars von morgen. Mediakraft vermarktet sie.

HEIKO HUBERTZ

Wie man mit dem Verkauf virtueller Güter 1.000 Mitarbeiter bezahlen kann

DR. FRIEDRICH SCHWANDT

Gründer der Statista GmbH

Als ehemaliger Berater sieht Dr. Friedrich Schwandt nicht unbedingt wie der typische Internet-Unternehmer aus. Dennoch hat er bereits den Wert von Daten erkannt, lange bevor „Big Data" oder „Daten sind das neue Öl" so große Schlagworte geworden sind. Aktuell ist er dabei, mit seiner genialen Idee *Statista* die Welt zu erobern.

Statista aggregiert wirtschaftlich relevante Daten zu so unterschiedlichen Themen wie dem deutschen Erdbeermarkt oder der Verbreitung von Smartphones in Afrika. Die Daten werden ansprechend und benutzerfreundlich aufbereitet und im Abo an mittlerweile tausende Kunden – darunter auch viele Beratungsunternehmen – verkauft.

Dr. Friedrich Schwandt

Jahrgang: 1967

Firma: *Statista GmbH*

Standort: Hamburg

Friedrich, wann und wie entstand bei Dir die Idee, Online-Unternehmer zu werden?

Um die Jahrtausendwende herum wollte und musste ich etwas verändern, aber da ich damals noch relativ risikoavers war, bin ich zunächst als Berater zu *Boston Consulting (BCG)* gegangen. Dort war ich viele Jahre lang beratend tätig, insbesondere im Medienumfeld von *Axel Springer, ProSieben* etc. Und hier drehte sich schon sehr früh alles um das gleiche Thema: „Oh Wunder, das Internet kommt! Wie können wir neue Geschäftsmodelle entwickeln?" Am Anfang stand der Aspekt Bedrohung gar nicht im Fokus, sondern vielmehr die Frage, was wir jetzt mit dieser riesigen Chance „Internet" anfangen. Dabei sind ein paar feine Sachen wie *Musicload* von *T-Online, Bild Mobil* und *Tchibo Mobil Netz* herausgekommen. Außerdem haben wir ein starkes Netzwerk aufgebaut – und vor allem an der Idee gearbeitet, wie man mit dem Internet Geld verdienen kann.

Wann hat sich die Idee dazugesellt, dieses Geld nicht mehr über ein Angestelltenverhältnis zu verdienen?

Nachdem ich acht Jahre lang bei *BCG* war, kam die Idee auf, sich selbstständig zu machen. Da gleichzeitig der Mut für völlig Neues noch nicht groß genug war, eröffneten wir zunächst eine eigene Beratung, die sich auf neue Geschäftsmodelle im Medienbereich fokussierte.

> Drei Jahre und fünfzehn Mitarbeiter später war uns klar, dass wir hier auch unser eigenes Geld verdienen können.

2007, also drei Jahre und mehr als fünfzehn Mitarbeiter später, war klar, dass wir hier durchaus auch unser eigenes Geld verdienen können. Also haben wir entschieden, uns mit einem skalierbaren Modell selbstständig zu machen.

Ihr wolltet ein eigenes Produkt entwickeln?

Ja. Schon damals war klar, dass wir etwas tun wollten, bei dem wir nicht nur das Internet, sondern auch den gesamten Markt, mit dem wir es zu tun haben, verstehen. Das war sehr naheliegend: Berater stehen immer wieder vor der Situation, eine Hypothese belegen, den Markt verstehen zu wollen – und das möglichst schnell und einfach. Aber es gab dafür bislang keine Anlaufstelle im Internet. Bei *BCG* wie auch bei den eigenen Beratungen hatten wir sehr viele Datenbanken, die aber nicht so aufgebaut waren, wie wir es heute von

Google kennen: Man konnte nicht alles sofort finden, was man suchte, noch dazu aufbereitet, direkt nutzbar. Wir wussten gar nicht, was da überall drin stand, die Datenbanken waren alle unterschiedlich strukturiert.

Und das habt ihr als Ausgangspunkt für eure Arbeit aufgegriffen?

Genau, das brachte uns relativ früh auf die Idee, als zentrale Anlaufstelle zu fungieren. So haben wir *Statista* entwickelt, ein Portal, in dem man alle relevanten Statistiken zu einem Markt und die Treiber dahinter in einem Land – zunächst natürlich Deutschland – findet.

Erzähl doch an der Stelle noch etwas zu dem Gründerteam, wer war das genau?

Wir waren zwei Gründer, Tim Kröger und ich. Wir haben zusammen die Idee entwickelt und waren das treibende Management. Um uns herum gibt es noch das erweiterte Gründerteam Hubert Jacob und Thilo Loewe. Mit allen sind wir sehr eng befreundet, sie haben unsere Gründung finanziell und/oder technologisch gefördert.

Und wie genau funktioniert euer Angebot bei Statista? *Was bedeutet hier „Markt"?*

Mit Märkten meine ich z.B. alles zu Erdbeeren, Beerdigungsunternehmen, iPads in Deutschland und so weiter. Wir kauften von sehr, sehr vielen Quellen – wie *Allensbach, Forrester, IDC* etc., gegenwärtig sind es 18.000 solcher Quellen – große Datenmengen auf und stellten sie in die Datenbank ein. Das Besondere ist, dass jede einzelne Statistik als eigene Einheit gilt. Und so aufbereitet ist, dass man sie sehr leicht über eine Suchmaschine findet.

Wie steht es um Angebot und Nachfrage? Zuerst das Angebot: Ihr musstet Partner finden, die Daten zu einem Thema haben, die ihr dann aufbereiten konntet?

Genau. Zunächst hat man immer eine Vorlaufzeit von zwei bis drei Jahren, bis die Datenbank wirklich steht. Das heißt, du gehst auf alle Partner zu, um an die Daten zu kommen, suchst im Internet, was man verwenden kann, was rechtlich erlaubt ist. Wenn du das aufgebaut hast, versuchst du, eine *Traffic*-Basis zu etablieren. Darüber funktioniert erst die ganze *Leadgenerierung*. Die entsprechenden Leute müssen dich finden, sich anmelden. Dann fängst du an zu verkaufen.

Richtig, ein typisches *Freemium*-Modell. Das Besondere ist, dass Kunden nicht nur bei uns, sondern auch bei *Google* die ganze Datenbank sehen, d.h. welche Statistiken wir haben, ob zum Erdbeer- oder zum Automarkt. Welche Daten das sind und woher sie kommen, war aber zu Beginn nicht erkennbar.

Früher gab es die *Google*-Welt und Datenbanken in der Form noch nicht. Damals war man nicht so offen, sondern hat sich geschützt und geschlossen gehalten – es könnte ja irgendjemand abschreiben, kopieren.

> Wir haben uns zunächst für die falsche Antwort entschieden.

Jetzt haben wir Teile angefüttert und geöffnet, damit potentielle Kunden sie frei nutzen, sich zunächst ein bisschen wohlfühlen können. Und wenn sie dann sagen „Okay, das passt, das hilft mir", findet typischerweise der Abschluss statt.

Das war die nächste große Frage, die wir zu Beginn hatten: Machen wir Preise pro Statistik oder bieten wir eine Flatrate an? Wir haben uns zunächst für die falsche Antwort entschieden. *iTunes* erhob auch immer Preise pro Song, also machten wir das Gleiche – das hat aber nicht funktioniert. Kunden haben bei jeder einzelnen Statistik, auch wenn diese nur 1,50 Euro kostete, überlegt: „Brauche ich die jetzt wirklich?" Zudem ist so ein Einkaufsprozess für ein Unternehmen tödlich: Jedes Mal wurde eine neue Rechnung ausgelöst, die genehmigt werden musste. Innerhalb von sechs Monaten haben wir erkannt, dass es die Flatrate ist, die gekauft wird.

Das ist schön gesagt. Wir haben zunächst versucht, vorweg festzulegen, was richtige oder falsche Entscheidungen sind. Jetzt sind wir schlauer und sagen direkt: „Eigentlich wissen wir nicht, ob es funktionieren wird". Jetzt probieren wir eine Sache, eine Richtung, gehen mit einem Prototyp in eine Situation rein. Wenn alles positiv reagiert, wird die Idee optimiert, wenn nicht, ziehen wir sie wieder zurück.

Ihr verfolgt also eine Trial-and-Error-Kultur?

Genau. Berechnen, detailliert planen, abstrakt herleiten, das funktioniert gerade bei neuen Produkten nicht. Je innovativer, desto weniger kannst du deduktiv vorgehen. Man muss solche Dinge einfach anpacken und ausprobieren.

> Man muss solche Dinge einfach anpacken und ausprobieren.

Das ist einer der Aspekte, die beim Online-Business eben anders funktionieren und anders möglich sind als beim restlichen Mittelstand, oder? Ein Autozulieferer sagt nicht so einfach, ich brauche einen neuen Motor, ich versuche mal was …

Keine Chance, ganz genau. Wir aber können mal eine kleine Website für 10.000 Euro basteln und schauen, ob das jemanden interessiert. Solche Experimente sind exakt das, was das Online-Business vom Offline-Geschäft unterscheidet. Der zweite Punkt ist, dass du durch guten Content wesentlich schneller Besucher zu dir lockst – ohne zuvor in tausend Verhandlungen mit dem Vertrieb zu gehen. Interessanterweise haben wir aber auch hier ein wenig übertrieben und uns einpendeln müssen: Wir haben am Anfang sehr viele Produkte ausprobiert und *gelauncht*. Zusätzlich zu unserem Kernprodukt, der Datenbank, hatten wir einen Markenreport, etwas zum Automarkt etc.

Es waren also schlicht zu viele Ideen und Produkte?

Im Nachhinein stellten wir fest, dass viele davon vor allem Entschuldigungen waren: Falls A nicht funktioniert, machen wir B, wenn nicht, könnte ja C funktionieren. Das muss man selbst erfahren, aber wir wissen jetzt, was mit „Fokus, Fokus, Fokus" gemeint ist. Nimm verdammt nochmal das eine Produkt, an das du wirklich glaubst und leg los. Warte nicht zu lange, verbeiß dich nicht in Feinheiten – wenn du dein Kernprodukt hast, geh damit raus und optimiere es dann weiter. Und wenn es nach zwei, drei Optimierungszügen nicht funktioniert, *Trial-and-Error*, dann ist es wohl ehrlicherweise ein *Error*. Deswegen haben wir heute viel weniger Produkte als früher.

Das Schwierige daran ist aber schon, zu erkennen, wann es keinen Sinn mehr macht, ein Produkt weiter zu entwickeln. Wann war euch klar, dass ihr euch auf das eigentliche Produkt von Statista – Statistiken im Abo – fokussieren solltet?

Eigentlich war uns das intuitiv von vorneherein klar. Aber um den eigenen Businessplan zu erfüllen und alle Gelder zu rechtfertigen, nahmen wir vieles in Angriff, was auf dem Papier durchaus sinnvoll klang, in der Realität aber schlicht nicht umsetzbar war.

Dass *Statista* in seiner jetzigen Form funktionieren wird, wussten wir am Tag des *Re-Launch*. Großspurig wie wir damals waren, haben wir tatsächlich zu einer Pressekonferenz geladen – das macht ja heute kein Mensch mehr. Noch verrückter war allerdings, dass 15 Journalisten tatsächlich kamen, darunter für *Zeit* und *Freundin*. Die veröffentlichten Artikel über Statistiken und der nachfolgende *Traffic* ließ unsere Seite erstmal zusammenbrechen. Da wussten wir, dass es läuft. Ein Jahr später, 2009, bauten wir den *Traffic* stetig aus und das Geld floss.

Welches Publikum, welche Zielgruppe haben diese Medien angesprochen? Wer kauft eure Produkte?

Uns war klar, dass zwei Gruppen unser Produkt brauchen und kaufen werden: Berater und die Medien selbst. Gerade letztere brauchten endlich mehr Statistiken für ihre Artikel. Das wussten wir und es hat sich bewahrheitet. Heute bilden unsere Kundengruppen tatsächlich die gesamte deutsche Volkswirtschaft ab: *BASF* z.B. hat die *Enterprise*-Version, d.h. jeder Mitarbeiter kann auf uns zugreifen. *VW*, *Audi*, *BMW* genauso. Man könnte meinen, die müssten ihre Autostatistiken haben – wenn nicht die, wer dann? Aber sie sind unsere Kunden. Und auch 90% aller Universitäten haben als Intensivnutzer Campuslizenzen, wir sind hier die mit Abstand am weitesten verbreitete Datenbank. In jedem Land, in dem wir neu beginnen, kommen Berater, Agenturen und Medienunternehmen als erste, danach folgen alle anderen.

Wenn man es bewusst überdenkt, kann jeder in bestimmten Situationen Statistiken gebrauchen?

Ja, sie sind ein Rohstoff für alles. Jeder, der in Deutschland intensiver mit *PowerPoint* arbeitet, und das sind eigentlich alle, hat das Bedürfnis, einen

Dr. Friedrich Schwandt

Markt und seine angrenzenden Märkte schnell zu verstehen, schnell zu überblicken. Dann wieder gibt es Menschen, die unsere Statistiken nutzen, um in Gehaltsverhandlungen einzusteigen.

Und Autokonzerne rufen bei weitem nicht nur Autostatistiken ab, die nutzen uns auch sehr stark, um neue Märkte zu entdecken. Wie gesagt, Statistiken sind ein Rohstoff für alles.

> Statistiken sind ein Rohstoff für alles.

War Dir schon immer klar, dass Du als Unternehmer mit Statistiken erfolgreich würdest oder war beides nicht geplant?

Glück und Zufall spielten bei den vielen Wechseln und Berufen in meinem Leben eine große Rolle. Ich hatte tatsächlich aus echtem Interesse Statistik und Volkswirtschaft studiert und mich auf Telekommunikation spezialisiert. Dann führte mich allerdings das Glück und Vitamin B zur *Deutschen Telekom*.

Welche Eindrücke hast Du hier gewonnen?

Ich war fasziniert von dieser Riesenfirma, diesem Staat im Staate. Sommers Auftritt bei der *Cebit* Ende der 1990er war für mich der Höhepunkt, das war wirklich ein Hofhalten. Helmut Kohl bekam anderthalb Minuten Zeit, andere genauso. Sommer beherrschte dieses Unternehmen. Nach zweieinhalb Jahren habe ich entschieden, dass so ein Konzern mit 150.000 Mitarbeitern nicht meine Welt ist: Die Mitarbeiter dort konnten zwar alle viel gestalten, ich selbst fühlte mich aber weder frei noch unabhängig.

Wenn man sich Deine Laufbahn so anschaut, war das kein klassisches Start-Up, oder? Du machst noch immer, was Berater so machen?

Genau, wir konnten uns vorher selber verkaufen und haben uns nachher selber verkauft. Das war einfach. Keine exotische unternehmerische Geschichte, wir haben das Rad nicht neu erfunden. Die Idee von *Statista* ist im Grunde recht trivial. Das Internet ist optimal für die Aggregation von Informationen geeignet, das war auch 2007 schon klar.

Das heißt, auf die Idee hätten Millionen andere Leute auch schon drei Jahre früher kommen können?

Auf jeden Fall. Aber aus zwei Gründen hat es niemand getan: Zum einen liegt das am Thema per se:

Statistiken sind nicht sexy.

Statistik steht nicht für Entertainment, Fun, Innovation. Es ist nicht sexy. Zu der Zeit aber war die Gründerszene hip und cool, daher ist keiner über Statistiken gestolpert.

Zum anderen waren bei den Marktforschungsunternehmen „graue Haare" enorm wichtig, um Vertrauen aufzubauen. Als junger Gründer wäre man nicht an diese Menschen und die Daten gekommen. *Allensbach* beispielsweise, das Institut für Demoskopie, ist mitunter der wichtigste Datengeber und gleichzeitig der konservativste, vorsichtigste Marktforscher. Wir sind immer wieder dorthin gefahren und haben uns das Vertrauen erarbeitet. Die Leiterin Frau Prof. Köcher hat schließlich Vertrauen zu uns gefunden und zugesagt. Danach standen uns sehr viele Türen offen, das war wichtig und vertrauensbildend in der Branche. Alleine wären wir nie an all die Daten gekommen – auch über Umwege nicht, denn bei Geschäftskunden hast du immer hunderttausend Anwälte, die alles prüfen und begutachten. Somit war die Idee vielleicht trivial, die Umsetzung aber nicht.

Deshalb auch diese zweieinhalb Jahre von der Unternehmensgründung bis zum Re-Launch als wahren Startschuss?

Genau. Wir haben zweieinhalb Jahre gebraucht, um diese Datenbank adäquat zu füllen. Sie kam mit der Gründung, aber bis sie so war, dass die Leute sie optimal nutzen können, hat es diese Zeit gebraucht, allein für Deutschland.

Ihr hattet zu Beginn also ein relativ schwaches Angebot?

Exakt. Aber wir haben dann die richtigen strategischen Entscheidungen getroffen: *Statista* ist im Vergleich zu anderen Datenbanken günstig und damit für alle Kundengruppen sehr interessant. Über eine große Reichweite zu gehen, klingt jetzt cleverer, als es war. Aber September 2008 war die Menschheit plötzlich damit beschäftigt, ob sie noch eine Währung hat, ob die Wirtschaft gerade zusammenbricht, ob wir alle untergehen. Zu dem

Dr. Friedrich Schwandt

Zeitpunkt wollte niemand teure Datenbanken kaufen. Unser Preis war aber beinahe irrelevant, das konnte jeder abzeichnen. Aus dieser historischen Not heraus sind wir also auf Masse gegangen – was richtig war, wie man sieht. Manche Geschäftsmodelle entstehen aus solchen Zufällen. Und funktionieren.

Und es darf ruhig mal trivial sein, nicht das neue Rad. Und nicht das exklusive Produkt, das sich nur Ausgewählte leisten können.

Man muss den Bedarf erkennen. Ein triviales Produkt wird in so vielen Situationen von Kunden benötigt, und mit dem richtigen Preis kommt es eben auch schnell zu einer Kaufentscheidung.

Diesen Bedarf zu erkennen, war unsere erste große Leistung.

Früher war der beste Verkaufszeitpunkt der Woche Sonntag 21 Uhr. Wir konnten die Berater förmlich vor uns sehen, wie sie zu Hause sitzen, ihre Präsentation für den nächsten Flieger erstellen müssen, leiden, die Welt hassen. Und genau da kamen wir ins Spiel – wie bei Marathonläufern, die kurz vor dem Ziel Wasser gereicht bekommen. Bekommen müssen. Diesen Bedarf zu erkennen, das war eigentlich unsere erste große Leistung.

Die zweite war, die Idee konsequent zu verfolgen. Wir haben ein extrem komplexes System für die Verschlagwortung entwickelt. Statistiken haben ja nicht viele Wörter, Menschen suchen nicht nach einer „8" oder einer „12". Und neben den Begriffen „Tablet" und „iPad" verwenden Nutzer noch zig andere, um nach Statistiken zu Tablets in Deutschland zu suchen. Also mussten wir sie so optimieren, dass sie extern – über *Google* – und auch intern gefunden werden.

Ihr habt also Redakteure für diesen Content - wer ist noch bei euch angestellt?

Wir haben heute 150 Mitarbeiter, davon sind 115 fest angestellt. Wir haben natürlich eine recht große Analysten-Abteilung. Neben Identifizierung, Verifizierung, Qualifizierung und Aufbereitung treibt diese Abteilung ein jeder Jahreswechsel um: Am 2. Januar will niemand mehr die Statistiken vom letzten Jahr, wir müssen dann alles neu abdecken. Das ist der schlimmste Tag der Welt für uns. Dann gibt es noch ca. 50 Analysten, die einzelne Märkte analysieren und generell alle Daten identifizieren. Somit ist ein

Drittel unserer Leute für Informationen, ihre Pflege – kurz, für das Content-Geschäft zuständig. Der zweite Bereich, die Technik, umfasst ca. 10 Köpfe, die z.B. unser *CMS* entwickeln und unsere Technik mit Menschenverstand verbinden. Der dritte Bereich ist der Vertrieb, einmal über das Web für kleinere Accounts, und dann direkter für größere Geschäftskunden. Das läuft vermehrt über Telefon, Emails, persönliche Treffen, alles über unsere Büros in Hamburg und New York. Dann haben wir noch eine Grafik- und eine Forschungsabteilung, in der wir selbst Daten erheben, Studien durchführen etc.

> Der Jahreswechsel ist für uns der schlimmste Tag der Welt.

Auf jeden Fall, Großkunden, die Interesse an unserem *Enterprise*-Produkt haben, möchten uns persönlich kennenlernen, uns in die Augen schauen, Vertrauen aufbauen. Sie möchten sicher gehen, dass wir sie und ihre Bedürfnisse verstehen, vertrauenswürdig sind. Ohne persönlichen Kontakt kommst du bei Geschäftskunden dieser Größe nicht weiter.

Ja, wir haben zunächst alle Statistiken wirklich jeden Marktes in Deutschland aufgenommen. Danach standen wir vor der Entscheidung, welches Land wir als nächstes so detailliert abbilden wollen. Da wir immer alle Industrien benötigen, entsteht für Luxemburg im Prinzip der gleiche Aufwand wie für die USA. Die Vereinigten Staaten waren natürlich attraktiver. Zudem spielte hier Eitelkeit auch eine kleine Rolle: Wir wollten zeigen, dass man neue Geschäftsmodelle in Deutschland erfinden und sie dann in die USA bringen kann.

> Eitelkeit spielte hierbei auch eine kleine Rolle.

Erstens: Wenn man an so einen großen Markt geht, sollte man das mit folgender Grundeinstellung tun: „Ich weiß nichts, ich verstehe nichts, das alles ist absolut neu und fremd". Ich glaube, nur dann hat man eine Chance.

Zweitens: Der Vertrieb ist unglaublich schwierig, wenn man nicht vor Ort ist, fast unmöglich, ob man nun Mitbewerber hat oder nicht. Wir haben anderthalb Jahre von hier aus zu telefonieren versucht – als Lerngruppe nicht ganz verkehrt, und wir haben die teuren Büros gespart. Aber wenn man es richtig machen will, braucht man diese Büros. Zunächst haben wir einige Unis gewinnen können, das war für den Anfang immerhin etwas. Aber spätestens da wurde klar, wir brauchen Leute vor Ort.

Das klingt einleuchtend. Sollten es dann auch Amerikaner sein?

So einfach ist das nicht. Zunächst braucht man eigentlich einen erfahrenen Deutschen. Amerikaner kennen den Markt, sind aber in der Startphase sehr damit beschäftigt, sich selbst zu optimieren – und gehen dann wieder. Für sie ist es üblich, in einer Woche zu kommen und in der nächsten wieder zu verschwinden. Für längerfristige Verhältnisse schickt man am besten zwei Deutsche als Führung, so können sie sich austauschen und gegenseitig motivieren. Alle weiteren Mitarbeiter bei uns waren und sind Amerikaner. Viele lassen sich mit sehr kleinen Gehältern einkaufen, aber wenn man die richtig guten Leute will – und die sind im Vertrieb nun mal das A und O –, muss man die beim naheliegenden Wettbewerb abwerben.

Was bringen die richtig guten Vertriebler denn mit?

In den USA zählen für den Vertrieb vor allem gute Netzwerke. Unsere Vertriebler dort sind sozusagen die meiste Zeit beim Mittagessen, dafür bezahlen wir sie – und es funktioniert. In Deutschland mag man bestimmte Argumente für oder gegen den Kauf eines Produktes sammeln, dort heißt es viel eher: „James hat gesagt, das ist sehr, sehr gut.

Ich kann die Argumente nicht überblicken, aber wenn James das sagt, vertraue ich ihm. Und empfehle Dir das Produkt weiter." So ein James ist dort das *TÜV*-Siegel. Und sollte etwas an seinen Empfehlungen nicht stimmen, wird er ganz schnell nicht weitervermittelt.

> Unsere Vertriebler sind die meiste Zeit beim Mittagessen.

Man muss also in diese „Netzwerke des Empfehlens" hineinkommen. Bist du einmal drin, öffnet sich dir eine fantastische Welt: Keine andere Nation ist so offen für neue Ideen und Produkte, kein Land hat so viel Spaß am Ausprobieren. Entsprechend begeistert wurden wir mit unserem halbfertigen Produkt empfangen. Die ersten drei Jahre waren schon hart, aber jetzt läuft es wirklich toll.

Warum habt ihr das Büro in New York, warum nicht woanders?

Zum einen haben wir dort viele Kunden sitzen, die Medienbranche, Agenturen, die sind alle in New York. Zum anderen wollten wir von Deutschland aus bequem hinfliegen können. Und schließlich ist New York gar nicht so teuer, wie man immer denkt. In Manhattan ist die günstigste Gegend der *Financial District* an der Börse. Dort sind viele Unternehmen nach dem Börsencrash weggezogen. Da kriegt man aktuell Büros für 25 Euro pro Quadratmeter. Das ist nicht billig, aber ich finde, man sollte auch den Spaß nicht vergessen – und ich will nicht jeden Monat nach Buffalo fliegen.

Ist der Markt dort denn jetzt profitabel für euch?

Ja, jetzt ist er profitabel geworden. Wir haben dort 13 Leute und stellen pro Monat ein, zwei neue Mitarbeiter ein. Fairerweise muss ich sagen, dass wir hier auch wieder mal Glück hatten: *Google* rollt immer wieder seine Pandas und Pinguine aus, die Updates des Suchalgorithmus. Und im Mai 2014 haben wir enorm davon profitiert: Bis dahin hatten wir in den USA ca. 5.000 Besucher am Tag, nach dem Update 50.000. *Google* kann man nicht direkt beeinflussen, aber man kann sich verdammt freuen, wenn so etwas passiert.

Wie stand es denn in den USA um die rechtlichen Seiten? Hattet ihr da Sorgen, in Grund und Boden verklagt zu werden?

Allein der deutsche Akzent klingt für sie zutiefst vertrauenerweckend.

Ja, auch das muss man bedenken. Wir sind noch nie verklagt worden, aber eben auch, weil von Anfang an ein Rechtsanwalt, unser *Legal Council*, fester Bestandteil unserer Firma war.

Rechtsfragen sind für uns mehr als relevant, es gibt sie zu Hauf in unserem Bereich, es war klar, dass wir uns auf dieser Ebene perfekt aufstellen müssen.

Dr. Friedrich Schwandt

Wir haben direkt eine Firma in den USA gegründet, das war der zweite Schutzschild. Und schließlich ist meine Frau zufällig eine amerikanische Rechtsanwältin, das war und ist auch sehr hilfreich.

Es heißt, die Amerikaner seien uns gegenüber sehr offen, stimmt das?

Oh ja, und wie! Das merkt man immer wieder. Allein der deutsche Akzent klingt für sie zutiefst vertrauenerweckend – übrigens genauso wie unser Produkt. Für Amerikaner ist *Statista* ein so deutsches Produkt, dass es mit *Mercedes Benz* und *BMW* in einem Atemzug genannt wird, weil es so sehr prozessorientiert und präzise gearbeitet ist. Diese typischen Klischees zählen dort, im positiven Sinne. Das nutzen wir natürlich bei *Pitchs* und überzeichnen das Ganze manchmal sogar enorm.

Das ist vor allem interessant, wenn man bedenkt, dass die deutsche Online-Branche nicht gerade bekannt dafür ist, die besten Produkte zu liefern, ich nenne nur mal StudiVZ als schlechte Kopie von Facebook …

Und das stimmt, aber wir können mit *Statista* auf anderen Ebenen etwas bieten, was man auch in den USA nicht selbstverständlich bekommt: Zum einen stellen wir Daten in enormer Zahl ein, 500 bis 1.000 Statistiken pro Tag, jeden Tag. Und dann werden diese Daten kontrolliert, kontrolliert, nochmal kontrolliert, immer und immer wieder. Das ist fast absurd deutsch, aber hier zahlt es sich eben perfekt aus.

Lass uns an das andere Ende der Welt springen. Wie ist der Plan mit China?

Nach den USA kam China als zweiter großer Markt außerhalb Deutschlands hinzu. Die Amerikaner machten uns sehr schnell deutlich, dass sie sich gar nicht so sehr für deutsche und europäische Statistik interessierten. *Old Europe* hatte zumindest damals keine Relevanz, China aber umso mehr. Gefragt haben insbesondere US-amerikanische Universitäten und Firmen, da sagte uns unser Unternehmergeist recht schnell, „das müsste auch von den USA aus gehen": Es gibt viele Chinesen in den USA, die dort studieren und sehr gut Chinesisch, Deutsch und Englisch sprechen. Wir müssen also gar nicht nach China fahren, sondern können mit diesen Leuten arbeiten, hier die richtigen Inhalte identifizieren und alles andere online machen, ins Englische übersetzen und einstellen. Dadurch steigern wir auch den Mehrwert, denn die meisten Europäer und Amerikaner sind des Mandarin nun mal nicht mächtig.

Welches Land folgt dann bzw. ist gerade in der Aufbereitung?

Wir sind zurzeit mit Großbritannien beschäftigt. Wir wollten den europäischen Markt nach und nach ausbauen, allerdings kommen immer mehr Anfragen aus europäischen Ländern, der Druck steigt also. Früher war es immer umgekehrt, wir mussten erst den Content haben, dann kamen die Geschäfte. Jetzt haben wir zuerst die Nachfrage und bauen dieser entsprechend auf. Die Inhalte für Frankreich, Spanien und Italien werden gerade ebenfalls bearbeitet.

Die Leute fragen sich immer, wo der Online-Mittelstand in Deutschland eigentlich sitzt? Irgendwo im Schwabenland oder doch alle in Berlin? Ihr seid aus historisch-privaten Gründen in Hamburg, richtig?

In unserem Fall hatte sich das tatsächlich einfach ergeben, aber es gibt wohl für jede Stadt Pros und Kontras. Insgesamt findet sich der Internet-Mittelstand schon in den Metropolen, dort werden die meisten Unternehmen gegründet – aber meine Beobachtung ist auch, dass es schon lange nicht mehr zwingend Berlin sein muss.

Für Hamburg sprechen die Nähe zu den Medienunternehmen, mit denen wir die Marke sehr gut aufbauen konnten, sowie die Existenz einer sehr großen Universität mit vielen Fächern, die hier nicht richtig wertgeschätzt werden. Wir konnten all die intelligenten Historiker, Archäologen etc. hervorragend ausbilden und bei uns einstellen. Und auch tolle Techniker finden sich in Hamburg, in Berlin hingegen ist der Markt viel zu überschwemmt.

Gegen Hamburg spricht die relativ geringe Anzahl an ausländischen Mitmenschen, ob Mitarbeiter oder Studenten, da wäre Berlin viel besser gewesen. Die Erstellung der Statistiken ist in Hamburg zentralisiert, weil der Prozess so komplex ist. Das bleibt auch so, aber dafür hätten wir gerne viel mehr unterschiedliche Leute. Hier ist es nicht so einfach, chinesische Studenten zu finden, hier ist es nicht so einfach, amerikanische Vertriebsmitarbeiter oder Franzosen im Support zu finden. Das ist sicherlich ein Nachteil.

Dr. Friedrich Schwandt

Lass uns über eure Finanzen sprechen. Hattet ihr am Anfang Venture Capital (VC)? Und könnt ihr heute neue Märkte aus eurem Cashflow aus Deutschland finanzieren oder finanziert ihr das auch über Fremdkapital, Banken?

Zu Beginn haben wir vier Gründer alle Ersparnisse reingesteckt, die wir gemeinsam hatten, ca. 500.000, 600.000 Euro, um *Statista* anrollen zu lassen. Durch diese Selbstausbeutung, *Angels* und eine Anschlussfinanzierung von ca. 1,3 Millionen Euro von *Grazia Equity* haben wir das deutsche Modell so profitabel aufgestellt, dass wir aus dem eigenen *Cashflow* wachsen konnten. 2014 lag der Umsatz von *Statista* bei ca. 10 Millionen Euro.

Das klingt profitabel ... was passiert mit dem Geld?

Ja, Deutschland ist sehr profitabel. Das Geld fließt jedes Jahr in den Ausbau der neuen Märkte, aber am Ende steht immer die schwarze Null, wie bei *Amazon*. Wir reinvestieren den kompletten Gewinn, weil wir an unser Modell glauben. Und daran, eine Art natürliches Monopol aufzubauen. Wenn wir jeden Markt stehen haben und unsere komplexen Inhalte zu einem relativ niedrigen Preis mit viel *Traffic* von *Google* anbieten, wird es für ein anderes Unternehmen schon sehr schwer, in diesen Markt hineinzukommen: Die müssten zunächst zwei, drei Jahre pro Land vorinvestieren, dann genauso gut sein wie wir und gleichzeitig einen besseren Preis haben, um zu überzeugen. Und selbst dann können unsere Kunden noch immer auf die gesamte Welt zugreifen, während die Neuen erstmal nur Deutschland anböten. Wir sind also kaum angreifbar, wenn es so weitergeht.

Ein schönes Geschäftsmodell auf dem Weg zur Weltherrschaft, klingt überzeugend ...

Jetzt ja, aber so weit gekommen sind wir vor allem durch die Panik der ersten Tage. Wir haben in einem Keller angefangen und uns wirklich über jeden Cent berichtet, jede Briefmarke berechnet.

> So weit gekommen sind wir vor allem durch die Panik der ersten Tage.

Für PR-Aktionen haben wir nie Geld ausgegeben, Marketing war entweder minimal oder es musste sich refinanzieren. Wir dachten so lange: „Oh Gott, ich möchte, wenn die Welt zusammenbricht und ich keinen Umsatz mache, wenigstens drei, vier Monate an Geld, diesen Hauch von Sicherheit haben." Die Entscheidung mit der schwarzen Null rührt auch daher – wir wollten in Ruhe schlafen können.

Das komplette Interview finden Sie in der Vollversion des Buchs.

Sie können Ihr Exemplar bereits jetzt sichern und auf www.online-mittelstand.de vorbestellen.

JAN SCHLÜTER

Gründer der Mediakraft Networks

YouTube kennt jeder – das Fernsehen der Zukunft aus dem Hause Google ist dabei, die TV-Landschaft ähnlich stark zu verändern, wie das Internet zuvor schon die Print-Landschaft verändert hat.

Mediakraft kennt kaum jemand – dennoch ist das Unternehmen hierzulande einer der wichtigsten Partner von YouTube und besonders auch der dort aktiven Künstler. Anfangs wurden die Schminktipps-Teenies und Blödel-Trash-Talkshows auf *YouTube* belächelt. Mittlerweile sind dort viele Nachwuchsstars entstanden, die Millionen von Fans begeistern.

Jan Schlüter ist recht zufällig auf dieses Geschäftsmodell gestoßen. Wie so vielen Internet-Gründern, die neuartige Unternehmen aufbauen, war ihm lange Zeit nicht klar, welch spektakulären Erfolgsweg er eigentlich betrat.

Jan Schlüter

Jahrgang: 1972

Firma: *Mediakraft Networks*

Standort: Hamburg

Jan, als einer der Gründer von Mediakraft hast Du eine spannende Erfolgsge-schichte zu erzählen. Seit wann bist Du in der Online-Branche unterwegs?

Ich bin jetzt 42 Jahre alt und seit 1999 in der digitalen Vermarktung unterwegs. Ich habe eigentlich schon während meines Studiums begonnen, mich mit dem Thema Online-Vermarktung zu beschäftigen. Gelernt habe ich bei *Real Media*, und zwar von der Pike auf. Seitdem führte mein Weg mich über verschiedene Stationen im Bereich digitale Vermarktung von Email Marketing und Banner-Vermarktung über *digital Signage* zur Vermarktung von Screens in Stores – wie beispielsweise in *McDonald's*-Stores. Ich bin nun seit 15 Jahren dabei und habe quasi jeden Aufschwung, Niedergang und Wiederaufschwung der digitalen Werbeindustrie von verschiedenen Standorten und Stationen aus mitbegleitet. Ich kenne sehr viele Marken, ich kenne sehr viele Agenturen und die entsprechenden Personen, die ich in diesen Agenturen von Anbeginn begleitet habe. Viele sind auch nach wie vor da, man kennt sich. Ich bin entsprechend gut vernetzt in diesem Bereich.

Aber Du warst zunächst angestellt?

Richtig, meine letzte Station, bevor ich mich 2009 selbständig gemacht habe, war die Firma *TripleDoubleU*, ein klassischer Online-Vermarkter von *Display Advertising*, aber auch von *digital Signage*. Und 2009 bin ich dort tatsächlich ausgeschieden – worden. Das hatte wahrscheinlich auch etwas mit der Geschäftskrise zu tun, so oder so, ich bin gegangen worden. Im Nachhinein stellte sich dies als klarer Glücksfall heraus, aber damals war das natürlich erst mal ein Schock, ich war immerhin seit fünf Jahren dort. Nach so langer Zeit gefeuert zu werden, führte dazu, dass ich mich sehr schnell damit beschäftigte, wie es weitergehen könnte, wie ich weitermachen sollte – und da ist auch direkt der Name *Mediakraft* in meinem Kopf aufgetaucht.

Auch als das Unternehmen Mediakraft, das wir heute kennen?

Nein, das war zunächst in einem komplett anderen Kontext. *Mediakraft* war damals als eine Beratungsfirma angedacht. Diverse Freelancer sollten hier unter ein Dach schlüpfen und sich in Projektteams Kunden gegenüber positionieren können. *Mediakraft* sollte hierbei dieses Dach darstellen, das Ganze war als eine Art Franchise-System gedacht. Das habe ich auch international ausgebaut: Unter diesem Dach *Mediakraft* betreute ich damals nicht nur Kunden aus Deutschland, sondern auch aus Kanada, aus Israel etc. Unsere Hauptaufgabe bei der Beratung war es, den Kunden Unterstützung zu geben, wenn es darum ging, ein Produkt in der digitalen Werbewirtschaft in Deutschland zu positionieren, dieses Produkt an die Agentur zu bringen. Und in dieser Form ist damals tatsächlich *Mediakraft* entstanden: Mit einem völlig anderen Hintergrund als heute, jetzt ist eigentlich nur der Name geblieben. Aber das Ganze war eine Einzelgründung von mir – ich wusste nur nicht, was zwei Jahre später auf mich zukommen würde.

Du bist also mit Mediakraft zunächst mal in eine ganz andere Richtung gelaufen – wie ging es dann weiter?

Ja, erstmal ganz woanders hin. Ich habe hierbei jedoch relativ schnell verstanden, dass dies eine Sackgasse war: Das Thema Beratung war zumindest für mich kein Bereich, der in Bezug auf eine Zukunftsperspektive sinnvoll war. Aber es war erfolgreich, deshalb habe ich das Ganze eben nicht eingestampft, es lief nach wie vor weiter – auch mich als persönlichen Berater gab es lange Zeit. Aber ich habe darüber hinaus 2010 *Produktkraft* als Tochter von *Mediakraft Networks* gegründet.

Welche Idee wolltest Du damit realisieren?

Ende 2009 wurde ersichtlich, dass das Thema Produktplatzierung von der europäischen Ebene auf die deutsche geholt und dort reguliert wurde. Sie sollte diesen „schäbigen" Beigeschmack verlieren, erlaubt sein und unter gewissen Richtlinien auch öffentlich verkauft werden können. Das habe ich dann relativ früh vorbereitet – wenn ich mich recht erinnere, wurde das Gesetz im April verabschiedet und im Juni habe ich *Produktkraft* gegründet. Der Hintergrund war, alle Formate, die quasi schon auf dem Papier existierten, an Mandanten wie z.B. *Sony Film- und Fernsehproduktionen* zu bringen. Ich bin zu Agenturen, zu den Marken gegangen und habe gesagt „Schaut her, wir können das mit Euch produzieren, so seid Ihr von Anfang an Teil dessen, was ab jetzt passiert."

Im Grunde genommen ist Produktplatzierung ein alter Hut: Es bedeutet nichts anderes, als dass eine bestimmte Marke über eine Produktintegration Teil des Programms wird. Sie spielt also redaktionell eine Rolle und stellt einen Teil des Sets dar. Produktplatzierung oder *Brand Integration* liegt in verschiedenen Ausprägungen vor, aber für Marken ist es generell sehr spannend, in den Content hineinzukommen. So können sie den Zuschauern größere Emotionalität vermitteln. Wie gesagt, das ist kein neues Thema und vor allem im Bereich Kino präsent, in den USA sicher schon seit 60 Jahren.

Genau. Das ist nichts anderes als das, was ich tue – mit dem Unterschied, dass ich die Verbreitung nicht über das Kino laufen lasse, sondern über das Web. Das war im Prinzip der erste Ansatz, die Verbreitung solcher Formate im Web zu starten, diesen Pfad zu nutzen. Das habe ich mit *Produktkraft* getan und auf diesem Weg meine jetzigen Partner auch sukzessive kennengelernt, z.B. Spartacus Olsson und seine Frau. Die beiden haben damals Formate entwickelt, die nur und ausschließlich für das Web produziert wurden. Wir haben uns dann zusammengetan, die beiden als Produzenten, ich als Vermarkter. Wir haben hierbei nicht nur bei *Sony Film- und Fernsehproduktion*, sondern auch bei der Firma *Tinstream* gemeinsame Sache gemacht.

Beide sind auch heute noch dabei. Wie Christoph Krachten, den ich beinahe genauso kennengelernt habe. Er hatte schon damals, also 2009, eine sehr erfolgreiche Online-Talk-Show, *Clixoom*. Ich habe mit ihm darüber gesprochen, wie ich seine Talk-Show vermarkten kann bzw. wie wir Produkte in seiner Talk-Show platzieren können, die dann auf dem *YouTube*-Kanal das Publikum erreichen.

Und so kam letztendlich eines zum anderen. Spartacus Olsson ist dann in *Produktkraft* eingestiegen und wir sind gemeinsam losgezogen, um das Thema Bewegtbild voranzutreiben, Formate bei Markenartiklern und Agenturen vorzustellen. Das Novum war in dem Fall, dass ich nicht mehr wie am Anfang auf allen Ebenen alleine funktionieren musste, damals hatte ich im Grunde noch keine richtige Reichweite, die hätte man dazu kaufen müssen. Spartacus Olsson hat das Ganze weiterentwickelt, sodass wir Kunden schließlich Konzepte mit einer garantierten Reichweite anbieten konnten. Wir haben den Kunden damit immer mehr das Risiko genommen, die Ungewissheit, was mit ihrem Geld passiert, ob und wie sie wirklich Leute erreichen.

Und da war das Team schon fast komplett, oder?

Fast. Spartacus Olsson, Christoph Krachten, ich – und dann kam letztendlich Philipp Laude von *Y-Titty*, zusammen mit Christoph Krachten der damals schon erfolgreichste *YouTube*-Künstler, und natürlich die Frau von Spartacus Olsson, Astrid Deinhard-Olsson. Sie hat sich sehr, sehr früh mit dem Thema „Wie muss erfolgreicher Content gestaltet sein" auseinandergesetzt. Die Expertise von Christoph Krachten bestand für uns darin, zu wissen, wie Content konfektioniert sein muss, wie man mit den Zuschauern interagiert etc. Hinzu kam eben die wahnsinnige Expertise von Philipp Laude, der in sich vereinte, wie man interaktiven Content konfektioniert, damit es auf *YouTube* funktioniert und das Publikum stetig wächst. Wir haben das Ganze zusammen dann immer weiter ausgefeilt. Und dieses Team war quasi die relevante Konstellation, in der wir die Gespräche mit *YouTube* begonnen haben. YouTube war schon viel weiter, was das weltweite Business anging, damals hatten sie gerade *Next New Networks* gekauft, das war die Blaupause für alles Folgende, sozusagen das Ur-*MCN*.

Was bedeutet MCN?

Multichannel Network, das ist der technische Begriff für solche Unternehmungen wie *Mediakraft*. Wir selbst sehen uns zwar eher als Web-TV-Sender-Netzwerk und als Enabler für verschiedenste Programme in unterschiedlichsten thematischen Clustern – aber technisch gesehen sind wir auch ein *MCN*, ein *Multichannel Network*. Aus Sicht von YouTube muss das auch so sein, wir sind technischer Partner, *YouTube*-Dienstleister, also eine Symbiose technischer Natur mit Youtube eingegangen.

Wieso hatte YouTube damals Interesse an solchen Kooperationen?

YouTube selbst hatte wahnsinniges Interesse daran, aus der damaligen Schmuddelecke heraus zu kommen: Es wurde sehr viel Mist hochgeladen, broadcast yourself von der übelsten Sorte. Zwar gab es auch schon tolle Sachen bei der Zweitverwertung, aber das Image von *YouTube* war insgesamt sehr schlecht. Entsprechend intensiv wurde natürlich versucht, Produzenten und andere professionelle Leute zu finden, die *YouTube* als Plattform für sich nutzen.

Diese weltweite Initiation war sehr entscheidend für *YouTube*. Zu Zeiten dieser Gespräche wurde nicht nur uns angetragen, solch ein *MCN* auf *YouTube* zu gründen.

> YouTube hatte großes Interesse daran, aus dieser Schmuddelecke herauszukommen.

Und es hat sich rentiert?

Richtig. Parallel bzw. ungefähr zeitgleich hat *YouTube* zudem sein Partnerprogramm ins Leben gerufen: Aktive YouTube-Teilnehmer wurden enorm motiviert, ihre Inhalte auf *YouTube* hochzuladen – und zwar durch das Teilen der Werbeerlöse: Wenn *YouTube* mit bestimmten Werbeinhalten erfolgreich war, diese an viele Zuschauer distribuiert werden konnten, wurden die Produzenten bzw. die Kanäle an den Gewinnen beteiligt. Je erfolgreicher ein *YouTuber* oder ein *YouTube*-Kanal war und ist, desto mehr Werbung kann platziert werden – und desto höher sind natürlich die Einnahmen für den jeweiligen YouTube-Kanal-Eigner.

Und ihr wart bereits gut aufgestellt, um so ein Netzwerk zu gründen.

Ja, denn wir hatten für dieses Programm die perfekte Konstellation: Leute, die wissen, wie YouTube funktioniert, Leute mit redaktionellem Hintergrund, Leute, die sich mit der Konfektionierung von *YouTube*-Inhalten auskennen, die wissen, wie Inhalte für Web-only produziert sein müssen – und schließlich meine Wenigkeit mit dem Hintergrund der Vermarktung. Und ich möchte mich hier auch ernsthaft ein wenig zurücknehmen, denn ich wusste vor dreieinhalb Jahren bestimmt nicht, was heute stattfinden wird. Das Ganze war und ist ganz klar eher im visionären

> Das war die Chance, Web-TV-Revolutionsgeschichte zu schreiben.

Jan Schlüter

Spektrum von Spartacus Olsson und Christoph Krachten anzusiedeln. Die haben damals erkannt, dass das die Chance war, komplett neue Web-TV-Revolutionsgeschichte zu schreiben. So hat das alles begonnen.

Das zweite Leben von Mediakraft ist damit entstanden, richtig?

Genau, hier kommt *Mediakraft* wieder ins Spiel. Besagte Konstellation von Spartacus, Christoph und mir gab es bereits bei *Produktkraft*. Die Mutterfirma bzw. ihr Name *Mediakraft* war mir ja seinerzeit auf dem Sofa eingefallen, als ich mich gefragt hatte, was ich wohl jetzt mit meinem Leben anfangen werde. Da mir der Name noch immer gefiel, haben wir ihn im Prinzip einfach übernommen, daraus *Mediakraft Networks* als Mutterfirma gemacht und Produktkraft vermarktet. So ist *Mediakraft Networks* tatsächlich entstanden. Spannend ist wie schon erwähnt, dass neben uns auch einige weitere gefragt worden sind, ein *MCN* zu gründen – aber offensichtlich war niemand sonst so visionär wie wir, niemand ist mit uns gleichgezogen. Wir waren damals die ersten und einzigen in Deutschland, die das Thema an den Start gebracht haben.

> Niemand sonst war so revolutionär, niemand ist mit uns gleichgezogen.

Das heißt also, ihr habt das Geschäftsmodell nicht so richtig alleine erfunden, sondern YouTube ist auf euch zugekommen und hat gesagt: wir brauchen folgende Art von Unternehmen in diesem Markt, ihr müsst das bauen?

Im Grunde genommen ist es so gelaufen, ja. Die haben uns aber auch gut unterstützt und uns gezeigt, welche Modelle in den USA schon funktionierten. Diesen Beispielen sind wir dann entsprechend gefolgt. Es ist eigentlich unmöglich, auf einer fremden Plattform zu agieren, wenn einem nicht gesagt wird, welcher Input wie erwünscht ist.

Ihr wart also das Team mit den richtigen Skills, mit der richten Kombination im Team, im richtigen Moment am richtigen Ort – und seitdem erfolgreich und klarer Marktführer in Deutschland. Seid ihr auch international tätig?

Wir sind und werden international, in den Niederlanden haben wir bereits ein eigenes Office. Dort sind wir aktuell zwar noch nicht Marktführer, wollen es aber natürlich werden. In Polen und in der Türkei sieht es ähnlich aus. Vor allem in der Türkei ist der Weg noch recht lang, aber das Ziel ist, die *Learnings*, die wir in den letzten drei Jahren in Deutschland vollzogen haben und auch weiterhin jeden Tag vollziehen, automatisch an unsere Auslandstöchter weiterzugeben. Und umgekehrt natürlich ebenso: Wir treffen uns regelmäßig und schauen, welche Synergien wir an den unterschiedlichen Märkten für uns finden und nutzen können.

Lass uns hier ein wenig ins Detail gehen, was die Funktionsweise eures Geschäfts angeht. Auf der einen Seite gibt es den Werbetreibenden, der Geld dafür zahlt, dass sein neues Shampoo im Netz zu einer jungen Zielgruppe getragen wird. Auf der anderen Seite stehen die Produzenten, eure Partner, die z.B. eine Web-Talk-Show produzieren und dieses Shampoo in ihre Sendung nehmen?

Im Wesentlichen sehen wir uns als *Publisher*, also als Web-TV-Sender-Netzwerk, das im Grunde genommen ein Verbund von mittlerweile 2.600 Partnern, Künstlern und Produzenten ist. Wir sind hierbei die Enabler – ich sage immer ganz gerne, wir sind ein TV-Sender mit Benefits, denn wir liefern ein sehr breites Service-Spektrum für unsere Partner. Das fängt damit an, dass sie sich technisch an unser riesiges *Content Management System* andocken. So können wir dann zunächst eine Startanalyse fahren und messen, wie sie gerade dastehen, welchen Erfolg sie gerade haben. Wenn also ein neuer Partner zu uns kommt, analysieren wir seinen Status und überlegen dann gemeinsam mit ihm, welche Maßnahmen wir ergreifen können, um diesen Status positiv zu verändern. Das bedeutet im Wesentlichen, dass wir an qualitativen Schrauben drehen: Input, Sets, Sounds, Equipment, Schnitt, Schulungen – kurz, alle Mechanismen, die dazu führen, dass die Qualität der Inhalte besser wird, sodass dem Zuschauer ein optimales Unterhaltungserlebnis geboten werden kann.

Eure Unterstützung führt also zu höherer Qualität und damit zu größerer Reichweite?

Ja, aber das ist natürlich noch nicht alles. Es folgt die technische und die manuelle *Cross Promotion*: Wenn jemand an uns angedockt ist, haben wir durch technische Spielereien die Möglichkeit, Zuschauerströme von Kanal zu Kanal zu Kanal und von Clip zu Clip zu Clip zu leiten, um die Zuschauer individuell und interessenbezogen an neue Kanäle heranzuführen. Wenn alles richtig läuft, gefällt das entsprechend, sie finden dies toll, kaufen jedes, lassen hier einen Daumen für ein *Like*, abonnieren dort einen Kanal zusätzlich zu dem bekannten usw. Das läuft dann quasi nach der Formel „eins und eins macht drei" – unsere Partner erhalten Zuschauerzirkel von Kanälen, die sie sonst nicht hätten und umgekehrt: Wir fördern also technisch gesehen den Austausch von Zuschauern und alle profitieren davon, selbst der größere Partner, der einen kleineren *cross-promotet*: Der Effekt mag für den kleineren wertvoller sein, aber auch der größere Partner hat marginal von dieser Zusammenarbeit profitiert. Das zählt zu unseren *Basic*-Angeboten.

Was bietet ihr euren Partnern und Kunden noch?

Unsere Partner haben auch die Möglichkeit, in unseren Studios vorbeizuschauen und geplante *Cross Promotion* zu nutzen, das heißt, wir aktivieren Aktionen, in denen Partner bei anderen Partnern auftreten, angeleitet dabei sind. So können sie die Effekte, die daraus entstehen, noch stärker nutzen. Das geht soweit, dass wir Sommercamps, Wintercamps und andere Events veranstalten, damit die Leute sich treffen und gemeinsam auftauchen, sich gegenseitig in ihren Shows und Formaten besuchen. Dann kann man noch besser vermitteln, sagen „Wenn ihr die Person in meiner Show gesehen habt und mehr von ihr wissen wollt, hier ist der Link zu ihrem Kanal." Im Endeffekt dreht sich alles darum, dass die Zuschauer von unseren einzelnen Kanälen hören, etwas von möglichst allen Partner mitbekommen – so wird das Wachstum stetig weiter gefördert.

Ihr habt mittlerweile auch einige Jugendliche bzw. Minderjährige unter Vertrag, richtig?

Ja, genau. Unser Service gipfelt gerade darin, unsere vielen jungen Talente, die zum Teil auch noch minderjährig sind, in unserem Portfolio zu bedienen. Hier müssen wir die Verträge stellenweise auch noch mit den Eltern abschließen.

> Wir helfen Eltern, wenn es heißt: „Hilfe, mein Kind ist ein YouTube-Künstler!"

Wir haben tatsächlich auch ein Info-Forum für Eltern entwickelt, in dem sie sich untereinander austauschen können, wenn es heißt: „Hilfe, mein Kind ist *YouTube*-Künstler!" Wir helfen Eltern, das zu verstehen und damit umzugehen. Und wenn ich das richtig im Kopf habe, beginnt im zweiten Quartal 2015 auch unser erstes Stipendiat, wir haben mit der Macromedia-Hochschule einen gemeinsamen Studiengang zusammengestellt.

Genau, die gibt es in Köln, in Hamburg und an vier weiteren Standorten in Deutschland. Hier haben wir die Möglichkeit, junge Menschen zu unterstützen, die bei YouTube tätig werden möchten. Man kann eine Ausbildung oder ein Studium gemeinsam mit *YouTube* und auch bei uns im Unternehmen machen. Damit möchten wir unserer Verantwortung Rechnung tragen: Viele junge Leute haben bei uns die schönste Zeit ihres Lebens, aber es kann auch vorkommen, dass so ein Stern mal verglüht. Wir möchten nicht, dass diese Leute dann mit nichts dastehen, sondern mit ihrer Ausbildung und ihrem Knowhow weitermachen können. Das ist uns sehr wichtig, das gesamte Thema Talentaufbau ist ein wichtiger Punkt. Wir haben nun mal die Top-*YouTube* unter Vertrag und ständig kommen neue nach. Durch unsere Talentbetreuung bieten wir diesen Leuten eine Anleitung zum Groß-Sein, aber wenn das nicht klappt – es kann nun mal nicht jeder an die Spitze des *YouTube*-Olymps klettern –, dann muss es ihnen trotzdem möglich sein, mit einem guten Gefühl und vor allem mit einer guten Lebenserfahrung und viel Wissen herauszugehen. Darauf legen wir großen Wert.

> Es kann nun mal nicht jeder an die Spitze des YouTube-Olymps klettern.

Nein, so ist das in unserem Fall nicht. Wir sind kein Monopolist, es gibt seit Anfang des Jahres starke Mitbewerber wie Studio 71, dessen Mutter ProSiebenSat.1 ist, wir haben *DIVIMOVE*, dahinter steckt dir *RTL*-Gruppe und *Ströer* hat vor Kurzem auch einen unserer Mitbewerber gekauft, *TubeOne*. Es ist also nicht so, dass wir von Schwächlingen umgeben wären, das sind ganz im Gegenteil sehr ernstzunehmende Mitbewerber, die jetzt ihrerseits versuchen, uns Marktanteile abzunehmen.

Zurzeit sind wir Marktführer – und wir wollen es auch gerne bleiben. Wir tun alles dafür, dass wir weiterhin so innovativ und vorausschauend arbeiten. Und wir sind den anderen schon noch ein paar Nasenlängen voraus, allein durch die ganzen Daten, die wir in den letzten Jahren gesammelt haben, allein durch die Fehler, die wir hingelegt und aus denen wir gelernt haben.

Im Hinblick auf 2015 können wir also schon noch ein paar Dinge tun, die sonst noch keiner kann. Und das ist auch gut so. Dennoch, wir sind kein Monopolist. Wir werden immer öfter zu *Pitches* geladen, wo diese neuen ebenfalls aufgefordert werden, ihre Angebote abzugeben. Es wäre eigentlich schön, Monopolist zu sein, aber wir sind es nun mal nicht.

> Wir sind kein Monopolist – auch wenn es eigentlich schön wäre.

Habt ihr Daten darüber, wie viele der Top-100-Künstler bei euch unter Vertrag sind?

Ja, haben wir bestimmt – weiß ich jetzt aber ehrlich gesagt nicht. Das kann man auf der Website *Socialblade.com* ersehen, die gibt Aufschluss darüber, wie ein YouTube-Kanal gerade dasteht. Als ich mal geguckt hatte, waren elf der Top 20 bei uns unter Vertrag, nicht die ersten elf, aber eben elf der besten Zwanzig. Im Moment sind alle Top-Partner vergeben und es findet ein starkes Abwerben statt. Aktuell sind also die Erfolgreichsten bei uns unter Vertrag, aber eben auch nur so lange es geht, dann kann letztendlich nur ein Wechsel zu anderen Mitbewerbern stattfinden. Das Spiel kenne ich aus der Vermarktung, das bin ich gewohnt.

Es muss also über kurz oder lang diese Wechsel geben?

Richtig, und das ist ein weiterer Aspekt, der uns ein wenig von den anderen Mitbewerbern unterscheidet: Wir stecken sehr viel in den Aufbau neuer Talente, denn wir wissen, dass Wechsel stattfinden werden. Nach drei, vier Jahren schauen die Leute einfach, wo das Gras noch grüner ist – und wir machen das ja auch. Wir suchen auch nach neuen Partnern, die vielleicht noch woanders sind, und ein paar Mal ist uns auch schon gelungen, diese für uns zu gewinnen. Nichtsdestotrotz und gerade deshalb ist es wichtig, gesunde, solide Nachwuchsarbeit zu leisten, die Mittelschicht zu fördern, die Stars von morgen.

Und diese 2.600 Partner von euch, sind das alle professionelle Künstler?

All unsere Partner sind mehr oder weniger professionell – sie sind aber auch in vielen unterschiedlichen Themenclustern aufgestellt, z.B. *Comedy Net*, *Magnolia*, Sport, das Cluster *News* ist auch sehr groß. Und das gesamte

Thema Talent ist ein sehr großer Beitrag von uns. Wir haben ein eigenes Talent-Netzwerk und die Barriere, bei uns anzudocken, relativ niedrig gesetzt. Das heißt, man kommt recht schnell und auch automatisiert bei uns rein, in das *Mediakraft*-Netzwerk. Hier hat man die Möglichkeit, thematisch in eines der Hauptnetzwerke zu wechseln, wenn gewisse Faktoren wie Professionalität, *Views* etc. stimmen. Hierzu gehört im Prinzip auch die Einstellung, der Wunsch, mehr zu wollen, als nur ein Talent zu sein. Wenn das besteht, rutschen unsere Partner dann in gewisse Hierarchiestrukturen und je erfolgreicher sie werden, desto enger werden die auch an uns gebunden. Damit meine ich nicht unbedingt auf vertraglicher Ebene, aber sie bekommen einfach mehr Aufmerksamkeit. Das Ganze ist ein Geben und Nehmen, es ist ein partnerschaftliches Verhältnis.

Jan Schlüter

Das komplette Interview finden Sie in der Vollversion des Buchs.

**Sie können Ihr Exemplar bereits jetzt sichern und auf
www.online-mittelstand.de vorbestellen.**

Youtube-Stars sind die Popstars von morgen. Mediakraft vermarktet sie.

HEIKO HUBERTZ

Gründer Bigpoint GmbH

Heiko Hubertz hat die Spielebranche revolutioniert. Als einer der ersten hatte er die geniale Idee, die Spiele an sich zu verschenken und über „In game purchases", auch bekannt als „item selling" zu finanzieren – also den Spielern also virtuelle Güter innerhalb der Spiele für echtes Geld zu verkaufen. Man stelle sich nur vor, OTTO hätte jemals Herrenschuhe oder Waschmaschinen für echte Euros verkaufen können, deren Herstellung nichts gekostet hat. Genau das ist Heiko Hubertz in der Spielebranche gelungen.

Und das verrückteste daran: Es funktionierte. Spieler bezahlten echtes Geld für beispielsweise stärkere Kanonen in einem Piratenspiel. Damit war der Grundstein gelegt für ein 1.000-Mitarbeiter-Unternehmen.

Heiko Hubertz

Jahrgang: 1976

Firma: *Bigpoint GmbH*

Standort: Hamburg

*Heiko, Du bist Investor und Serial Entrepreneur im Bereich Games.
Wie bist Du dorthin gekommen?*

Ich habe meinen allerersten Computer mit neun Jahren bekommen, damals hatten alle den Commodore C64, den Amiga und ähnliche Spielecomputer. Mein Vater hingegen kam gerade frisch aus der Bundeswehr und hat mir einen 80/80 hingestellt, also einen richtigen Computer mit Monochrom-Bildschirm, auf dem gab es natürlich keinerlei Spiele. Die einzige Lösung war für mich, ihn zu programmieren. Damals gab es in den Computerzeitschriften so genannte Listings, vollständige Quellcodes, die man abtippen konnte. So habe ich Programmieren gelernt. Ich habe mich dann immer weiter in das Thema Computer und die ganze Systematik hineingefuchst, bis ich an unserer Schule schließlich selbst Informatik-Unterricht gegeben habe, weil ich es besser erklären konnte als der Lehrer. Da war mir klar, ich möchte etwas in diesem Bereich machen.

Später habe ich die FH Wedel für mich entdeckt. Ich komme sehr hoch aus dem Norden, aus der Ecke Büsum und St. Peter-Ording, wo auch meine Freunde und meine Freundin vor allem gelebt haben. Ich bin dann jeden Morgen zweieinhalb Stunden zur Fachschule gefahren und jeden Abend zweieinhalb Stunden wieder zurück. So hatte ich sehr viel Zeit zum Lesen als ich mein Studium begonnen habe. Nur Informatik zu studieren war mir zu langweilig, ich wollte auch ein bisschen verstehen wie BWL eigentlich funktioniert.

Im fünften Semester habe ich dann abgebrochen. Man kann dort so einen dualen Studiengang machen. Man hat man mir gesagt, „wenn Sie jetzt abbrechen haben Sie gar nichts, aber wenn sie jetzt diese Prüfungen noch machen, dann können wir Ihnen wenigstens etwas ausstellen". Also habe ich die ganzen Klausuren gemacht und zum Schluss irgendein Zeugnis im Bereich Wirtschaftsinformatik bekommen – was ich später nicht mehr gebraucht habe. Damals kam es gerade zur Liberalisierung des Telekommunikationsmarktes und ich habe ein super Angebot aus der Wirtschaft bekommen. Das war ein finnisches Unternehmen in Hamburg, aber nicht Nokia. Für die habe ich dann deren Technik aufgebaut. Aber nach gut eineinhalb Jahren habe ich eingesehen, angestellt zu sein nichts für mich ist. Mein Gedanke war, das was die hier machen, das kann ich doch selbst machen. Ich habe dann gekündigt und mein erstes eigenes Unternehmen gegründet. Das war 1998.

Heiko Hubertz

Welche Idee stand hinter Deiner ersten Gründung?

Ich habe überlegt, wie man Zahlungen im Internet besser gestalten könnte. Damals war das ein großes Thema – und ist es bis heute noch in den Medien – dass es gefährlich ist, seine Kredit- und Kontendaten im Internet anzugeben. Ich habe ein System entwickelt, das „Dialer" hieß. Später ist das in Verruf geraten, aber die Grundidee war einfach, digitale Inhalte abzurechnen. Der damals populäre Zugang zum Internet war die ISDN- und Modem-Leitung. Indem wir die Verbindung kurz gekappt haben, haben sie eine andere Nummer anwählen für den dann zwei, drei oder fünf Euro abgerechnet wurden, und dann die Verbindung wiederhergestellt. Man hat dann quasi über die Verbindung bezahlt. Das hat auch sehr gut funktioniert.

Wie hast Du den Crash der New Economy erlebt, inwiefern hat er Dich betroffen?

Wir hatten damals einen Venture Capitalist mit aufgenommen. Dem wir gesagt „Du gibst uns das Geld, mit dem wir diverse Unternehmen mit diversen Technologien zusammenbringen können". *Beate Uhse* war damals gerade an die Börse gegangen. Die Idee war, dass wir den ersten digitalen Erotik-Dienstleister an den Markt bringen und dazu gehörten Jugendschutz- und Zahlungssysteme, Suchmaschinen, Affiliate-Programme – wir haben alles eingekauft und zusammengebracht zu einem kleinen Konzern sozusagen. Wir waren 70 Mitarbeiter. Jeder war quasi Unternehmer und hatte so drei, vier Mitarbeiter, die wir alle zusammengebracht haben.

Und dann ist der neue Markt zusammengebrochen, und es war klar, dass wir den Börsengang nicht mehr machen konnten. Wir waren schon auf Roadshow, hatten Prospekte und die Banken dafür ausgewählt. Wir waren eigentlich so weit, dass wir einen Börsengang hätten machen können. Aber er war einfach nicht mehr darstellbar. Unabhängig davon, dass unser Unternehmen profitabel war und wir damals mehrere Millionen Gewinn gemacht haben, einen Umsatz in zweistelliger Millionenhöhe – das war wirklich alles okay. Heute bin ich froh, dass er nicht stattgefunden hat. Ich bin damals als quasi Vorstandsvorsitzender so in die Öffentlichkeit gerückt und hätte die Verantwortung den Aktionären gegenüber gehabt. So konnte ich mich aus diesem Bereich wirklich sauber verabschieden. Denn unsere Kunden kamen damals aus der Erotikbranche, weil das die einzige Branche war, die damals digitale Inhalte hatte. Das war nicht unbedingt die Welt, in der ich mein Leben verbringen wollte. Ich habe meine Anteile an die Altinvestoren und Gesellschafter verkauft, das war circa 2002, und hatte damit das Geld, um meine nächsten Projekte zu finanzieren.

Wie ging es für Dich als Unternehmer weiter?

Ich habe mich zwei, drei Monate mit sehr verschiedenen Ideen beschäftigt und mir ein Team zusammengestellt, mit dem ich für jede Idee, an die wir geglaubt haben, ein Projekt und eine eigene GmbH gegründet habe, wir hatten insgesamt 18 GmbHs. Eines der Projekte, die wir umgesetzt haben, waren Computerspiele. Wir haben noch viele andere Sachen gemacht, darunter eine Domain Mail.de, mit der wir so etwas Ähnliches wie *Gmail*, *web.de* oder *gmx* machen wollte. Wir hatten auch einen Sportwetten-Anbieter, für den wir uns die Lizenz in Österreich geholt haben – wir haben diverse Sachen ausprobiert. Komischerweise hat das am besten funktioniert, an das ich am wenigsten geglaubt habe – und das waren Computerspiele. Daraus ist letztendlich das Unternehmen Bigpoint entstanden.

> Am besten hat das funktioniert, an das ich am wenigsten geglaubt habe.

Ich habe allerdings bis 2005, gebraucht, um wirklich zu verstehen, dass dieses Unternehmen ein Riesenpotenzial hat, weil ich immer dachte, „mit Computerspielen kann man doch nicht wirklich Geld verdienen". Nach zwei Jahren war endgültig klar: Jedes Spiel, das wir rausbringen, macht mehr Umsatz als das Spiel zuvor und die alten Versionen bleiben immer bestehen. Es gab also keine Kannibalisierung der Spiele untereinander. Das war der Punkt, an dem ich gesagt habe „Okay, lass uns weiter so machen, lass uns einfach mehr Gas geben, lass uns lass uns alles andere abstoßen". Wir haben alle profitablen Sachen, die wir verkaufen konnten, abgestoßen. Das war das kein großer Exit, wir hatten vielleicht fünf, sechs Mitarbeiter. Sondern wir haben unsere Kosten vielleicht gerade wieder rausbekommen.

Dann haben wir zum ersten Mal Venture Capital eingesammelt, mit dem Geld weitere Produkte entwickelt und bewiesen, dass andere Produkte am Markt genauso gut funktionieren, bis 2006. Wir waren gerade auf der E3 – der Electronic Entertainment Expo – in Los Angeles. Das war damals die größte Computerspiele-Messe der Welt. Wir hatten einen kleinen, kleinen Stand dort, zwei mal zwei Meter. Aber es kam uns so vor als wollte kein Mensch mit uns reden. Jeder guckte uns komisch an, was wir denn da für schlecht aussehende Spiele im Internet Explorer zeigten. Wir fühlten uns schlecht und merkten, dass das keine gute Idee war. Dann bekam ich plötzlich eine Email von Oliver Samwer, in etwa: „Meine Brüder und ich sind die, die mal Jamba gemacht haben. Mir ist Dein Unternehmen aufgefallen, ich würde Dich gerne treffen." Wir kannten uns schon durch andere Geschichten, hatten aber nie ernsthaft Kontakt gehabt. Er kam also bei uns vorbei, hat sich angeschaut, was wir tun, und sagte, er würde gerne investieren. Wir haben das Angebot noch ein bisschen optimiert, unser anderer Venture-Capital-Geber hat daraufhin gesagt, „Ich ziehe auch noch in der Runde mit", und schon hatten wir alles an Bord und von da an ging es raketenmäßig ab.

Wie genau muss man sich das vorstellen, auch in der Zusammenarbeit?

An dem Punkt hatte Olli noch deutlich mehr Zeit als er es heute hat. Schließlich waren wir gerade mal sein zweites oder drittes Investment nach *Jamba*, also eines der ersten des European-Founders-Fund damals. Er ist noch mehr oder weniger regelmäßig persönlich zu uns ins Büro gekommen. Er hat dann seine Spezis wie Christian Vollmann mitgebracht, die sich mit uns hingesetzt haben und durchgegangen sind, was wir noch optimieren könnten, was wir anders machen könnten. Wovon ich im Rückblick persönlich am meisten gelernt habe, in den knapp zwei Jahren seiner Beteiligung war, wie man eine skalierfähige Company aufbaut und nicht auf der Mikromanagement-Ebene bleibt, nicht dieses „Okay, hier und da, das musst Du jetzt machen und die Software musst Du machen und mit dem musst Du telefonieren". Sondern, auf die Makro-Ebene zu finden, danach zu fragen, „Wie skaliere ich das? Auf was achte ich dabei?, Was sind die Kennzahlen, die für mich relevant sind?" oder die Frage „Mit wem muss ich überhaupt zusammenarbeiten, um Größe zu erreichen?".

Das war für mich extrem hilfreich und in der Zeit sind wir Beide auch durch die Decke geschossen. Olli ist damals auf eine Bewertung von neun Millionen Euro eingestiegen, verkauft haben wir auf einer Bewertung von ca. 100 Millionen Euro – und das zwei Jahre später. Wir haben schon sechs Monate später auf einer fast sechsmal höheren Bewertung Geld eingesammelt, das für uns eingetrieben hat, in einer Dimension, von der wir uns gar nicht hatten vorstellen können, sie mit einem Spiele-Unternehmen zu erreichen. Damals habe ich, glaube ich, eine Menge gelernt, was Unternehmertum und Skalierung bedeuten, von dem ich selbst heute und nach der ganzen Zeit bei Bigpoint noch zehre.

Wie sahen die Pläne dazu aus?

2008 haben wir zum ersten Mal verkauft, damals an NBC Universal, die Hollywood-Produktionsfirma und TV-Netzwerk sowie einen Private Equity Fund aus London. Sie haben ein Drittel der Teile gekauft und uns dabei geholfen zu internationalisieren, denn wir wollten in die USA gehen und dort etwas aufbauen, derweil in Europa stärker wachsen. Ein ganz wichtiger Punkt dabei: Sie haben nur Anteile gekauft, sie haben nie Geld in die Firma gegeben. Wir haben dann mit ihnen zusammen das Unternehmen weiter skaliert, ausgebaut und waren super erfolgreich in fast allen Ländern – bis auf die USA.

2011 haben wir das Unternehmen wieder verkauft an zwei reine Private-Equity-Gesellschaften, *TA Associates* und *Summit Partners* für damals 600 Millionen Dollar. Ich habe damals allerdings meine Anteile nicht verkauft, weil ich trotzdem Geld hatte und auf gute Deals geachtet habe. Denn wenn die Investoren gewisse Erfolgsfaktoren haben, dann partizipiere ich auch daran. Außerdem war ich zu diesem Zeitpunkt wirklich überzeugt, dass wir hier eine Company bauen können, die auch in den Milliardenbereich gehen kann. Der einfache Grund dafür war, das in dieser Zeit die großen Börsengänge stattfanden: *Facebook*, *LinkedIn*, *Zynga*. Alles Mögliche ist zu der Zeit an die Börse gegangen und hat fantastische Bewertungen bekommen. Das war auch genau die Idee des Private-Equity-Fonds. Dann ist etwas passiert ist, was schwierig vorhersehen hätte können, aber vielleicht doch hätte sehen können. Der Markt hat sich sehr stark weg entwickelt vom browser-basierten Business hin zum mobilem Business, und wir waren darauf schlecht vorbereitet. Obwohl wir uns im Vorfeld schon vorbereitet hatten dieses Geschäft mit anzugehen, haben wir einen großen Kundenstamm in Richtung Mobile verloren und mussten dann Ende 2012 eine Restrukturierung der ganzen Company vornehmen.

Heiko Hubertz

Wir wussten, wir müssen uns auf ausgewählte Themen fokussieren und haben uns überlegt, was wir besetzen wollen, was wir für uns in Zukunft wollen. Wir haben als Erstes das US-Büro wieder eingestellt, weil klar war, dass die USA ein zu heftiger Markt sind, um dort bestehen zu können. Und in Deutschland, in Hamburg, mussten wir damals etwas mehr als 100 Mitarbeiter entlassen, und uns ganz auf Spiele und Themen konzentrieren, von denen wir wirklich glaubten, damit auch noch mittel- und langfristig Geld verdienen zu können. Ich habe dann mit der Restrukturierung gemerkt, dass das eine andere Story wird, die hier entsteht – nicht meine Story. Aber ich wollte die

> Aber ich wollte die Restrukturierung noch machen.

Restrukturierung noch machen, statt jemand Anderen quasi meinen Dreck wegräumen zu lassen. Damit wollte ich das Unternehmen nicht verlassen. Ich habe vorher alles aufgeräumt. Am Tag der Restrukturierung bin ich offiziell zurückgetreten, aber bin dann sechs Monate weiterhin Geschäftsführer gewesen und habe das auch weiterhin gehandhabt. Parallel haben sie jemanden Anderen gesucht, der das Unternehmen bis jetzt führt und es so leitet, dass ich sehr zufrieden bin. Ich habe dann die Welt bereist, bin rumgekommen, und jetzt bin ich wieder zurück und mache wieder ein Spiele-Unternehmen. Aber diesmal machen wir ein paar Sachen anders und gucken mal, wie das funktioniert. Das ist die Geschichte.

Klar, mir gehören immer noch 30 Prozent der Firma. Ich versuche natürlich auch, so weit es denn sinnvoll ist, den Leuten Tipps zu geben, und parallel habe ich mir im selben Gebäude eine komplette Etage genommen, auf der ich jetzt mit meinem neuen Team arbeite. Diese Nähe zu haben, ist halt schön.

Du hast erzählt von dem Trend, den Ihr verpasst habt, als die Spiele von stationären Rechnern auf mobile Geräte, auf Smartphones gewandert sind. Das ist relativ selten für so ein junges Unternehmen. Ihr hattet den Aufwärtstrend im Internet ja mitgemacht und plötzlich war Euer Markt vorbei. Wann ist Dir das klar geworden?

Wir haben vorher schon einen anderen Trend verpasst: den *Facebook*-Spiele-Trend. Das war einer meiner schlimmsten Fehler, aber heute kann ich sagen, dass ich zum Glück dafür nicht die ganze Company umgestaltet habe. Denn er dauerte nur drei, vier Jahre. Dazu gibt es eine schöne Geschichte. *Zynga*, einer unserer großen amerikanischen Konkurrenten, war damals bereits online, aber noch klein. Und Olli Samwer war schon sehr umtriebig, auch in den USA. Er schaute sich Sachen an, in die er investieren könnte. *Zynga* war schon relativ reich mit Kapital ausgestattet.

Irgendwann rief er mich an und meinte, „Heiko, ich habe so eine Company gefunden, die machen *Facebook*-Spiele. Du sollst mal mit dem Gründer telefonieren, die wollen Deine Spiele bei sich aufnehmen. Hör' Dir das mal an, wir machen einen guten Deal mit denen." Das muss 2007 gewesen sein.

> „Heiko, diese Company, die machen Facebook-Spiele. Du sollst mal mit dem Gründer telefonieren."

Facebook war in Deutschland noch nicht das große Thema, das war eher noch *StudiVZ*. Ich habe dann mit Mark Pincus, Gründer von *Zynga*, telefoniert. Er hat mir das erklärt – und ich habe es nicht kapiert. *Facebook* ist irgendwie etwas, da poste ich an die Wall und wie sollen wir da jetzt Spiele machen? Ich habe auch nicht kapiert, welche Möglichkeiten dahinter standen. Er hat mir erklärt: „Wir sind noch ein kleines Unternehmen, wir haben noch nicht viele Entwickler, wir wollen Deine Spiele haben. Wir geben Dir auch ein paar Prozente an der Firma dafür und machen einen Revenue-Sharing-Deal. Das Einzige was wir machen ist, dass wir die Spiele für *Facebook* umbauen." Ich habe das einem Business Developer von mir erklärt, der hat es sich auch angeschaut, und gesagt, er kapiere das auch nicht, das mache keinen Sinn. Wir haben das dann abgesagt. Später war das ein Unternehmen für zehn Milliarden Dollar, das an die Börse gegangen ist. Wenn wir damals die zwei, drei Prozent bekommen hätten, wäre unser Unternehmen fast nochmal doppelt so viel wert gewesen. Ein großer, großer Fehler.

Wie habt Ihr den plötzlich aufkommenden Mobile-Spiele-Trend dann erlebt?

Den haben wir schon gesehen. Ich habe, 2010, als das erste *iPad* herauskam bei einer Weihnachtsfeier allen Mitarbeitern, damals bereits circa 600 Leuten, ein *iPad 3G* geschenkt, weil mir wichtig war, dass jeder das versteht. Das *iPhone* war schon lange raus, aber das Tablet war eine andere, große Dimension – es war auch das bessere Spiele-Device. Zwei Monate später bin ich aber in die USA gegangen und habe den Standort dort aufgebaut. Das hieß, keiner hat sich richtig um Mobile gekümmert, sondern nur darum, das bestehende Geschäft weiter voranzubringen, was ja auch weiter prächtig lief, es ging weiter aufwärts.

Als ich aus USA den wiedergekommen bin, habe ich mir aus allen möglichen Teams Leute zusammengesucht und habe gesagt: „Okay, wir machen jetzt Mobile." Die Mitarbeiter haben natürlich keine Ahnung gehabt. Sie haben sich als gute Programmierer, gute Grafiker verstanden, aber wie das bei Mobile-Usability-technisch funktioniert, wie man das am Besten macht, das wussten sie natürlich nicht. Wir haben für uns erkannt: Entweder wir geben das an Externe oder wir kaufen uns Know-how hinzu. Wir haben dann ein Studio in Frankreich gekauft und mehr mit externen Entwicklern in dem Bereich zusammengearbeitet. Wir haben den Trend eigentlich nicht verpasst, aber Mobile nicht für voll genommen, nicht darauf fokussiert.

Das klingt für mich auch ein bisschen nach einer Company, die zwar relativ jung und auch nicht unendlich groß ist mit so ein paar hundert Leuten, aber trotzdem eine Kultur entwickelt hat, in der Browser-Spiele gut, Mobile Games böse waren. Oder war es das nicht?

Nein, sie waren nicht einmal böse besetzt, sondern wir kommen damit zu den Schmerzen eines Unternehmens, das ganz schnell gewachsen ist. Zu dem Zeitpunkt waren wir rund 800 Leute. Du hast plötzlich überall Büros: in Sao Paulo, San Francisco, Berlin, Hamburg, Korea, Paris, Istanbul. Und Du bist mehr damit beschäftigt, Leute up-to-date zu halten als mit dem, was Du überhaupt machen willst. Jeder muss plötzlich gefragt werden. Ich meine das gar nicht böse. Plötzlich waren Payment-Leute involviert in die Mobile-Frage, die sich ausgeschlossen sahen, weil Apple nur das anbieter-eigene Payment erlaubt, es ging um Statistiken in Excel und viele wollten den direkten Kontakt mit Apple. Jeder denkt heute, „Da lacht man doch drüber", aber das waren ernsthafte Anforderungen, die das Projekt erst einmal wieder drei Tage blockiert haben, bis dann wieder von mir oder von irgendeiner anderen Führungsperson die nötige Entscheidung kam. Das passiert einfach in größeren Organisationen vielfach. Nur deswegen sind Großkonzerne interessiert an Start-ups und sollten Start-ups so wenig wie möglich verändern. Wenn Du ein schnell wachsendes Unternehmen hast und nicht sauber Kultur, Struktur und Kommunikation miteinziehst, dann passiert genau das.

Mit dem Thema, zu schnell gewachsen und ein bisschen zu schwerfällig für Trends geworden zu sein – damit seid Ihr bei weitem nicht allein, das trifft auch das große Pendant, in den USA, Zynga, mindestens genauso hart. Sind die nicht auch über ihren Zenit, was den Aktienkurs angeht?

Ich will nicht den Aktienkurs kommentieren, aber man hat ganz andere Ressourcen und Mittel gehabt, stark in Mobile investiert und auch für teures Geld zugekauft. Ich glaube, dass Du im Geschäft Computer-Spiele – unabhängig davon, auf welcher Plattform Du Dich bewegst – verstehen musst, ob Du in einem durch Hits getriebenen Geschäft oder in einem Branding-Geschäft bist. Du brauchst eines von beiden, sonst hast Du keine Chance. Wenn ich einen Hit habe, dann ist das zu der Zeit total toll, aber: Kriege ich keinen zweiten Hit, ist die Company auch nichts wert. Wenn ich eine Brand habe, wie zum Beispiel wie *World of Warcraft*, *Call of Duty* oder *Fifa* kann ich in regelmäßigen Abständen eine Fortsetzung herausbringen und habe eine relativ hohe Wahrscheinlichkeit Geld zu verdienen. Das haben sowohl *Zynga* als auch viele andere im Mobile-Games-Bereich nicht geschafft. *Angry Birds* ist ein gutes Beispiel dafür. Am Markt weiter die Rolle zu spielen, die sie mal gespielt haben, das haben viele, auch *Bigpoint*, nicht hinbekommen. Ich sehe aktuell weitere am Markt, die super erfolgreich sind, aber genau in dieses Problem hineinrennen. Wir denken zu häufig in Performance in der Online-Branche statt in Brands. Wir gucken nur, wie wir Nutzer noch besser monetarisieren können. Wir gucken auf den Customer Lifetime Value und solche Sachen, anstatt auf Themen wie Brand Value und Brand Recognition zu schauen.

Heiko Hubertz

Hinter dem Begriff „Hit" steckt auch ein Thema, das mit der Pop-Musik vergleichbar ist. Schreibt zum Beispiel Dieter Bohlen ein Lied, ist das zwar sehr wahrscheinlich kein ganz großer Fehlgriff, aber auch er ist kein Garant dafür, dass es genial bzw. erfolgreich wird. Das dürfte in der Games-Branche mit den Top-Entwicklern, die Ihr hattet, doch ähnlich gewesen sein.

Absolut. Hinzu kommt, es gibt zwar schon Leute, die eine gewisse Fähigkeit haben, im Mainstream etwas erkennen zu können, aber nur wenige sind super talentiert und es ist sehr schwierig. Eine Garantie gibt es nicht. Ein Problem ist auch, dass diese Leute sich weiter entwickeln wollen. Man kann schwer sagen „Mach das nochmal, mach genau das nochmal". Hinzu kommt: Wenn ein Spiel nicht nur über Glück und einen Trend funktioniert ist das product value höher. Wir haben anfangs Spiele produziert, die haben 30.000 Euro in der Umsetzung gekostet. Der neueste Artikel, den wir bei *Bigpoint* produziert haben, *Shards of War*, liegt bei acht Millionen Euro. Da entwickle ich auch vier oder fünf Jahre dran. Davon kann ich nicht zehn Stück jedes Jahr rausbringen.

Der Markt hat sich sehr stark weiterentwickelt. Es gibt Spiele, die mit 30 Millionen Dollar mehr als einige Hollywood-Filme kosten und mehr als die meisten in Deutschland produzierten Filme. Mittlerweile ist da eine ziemliche Einstiegshürde aufgebaut worden. In solchen Dimensionen kann man kein Start-up produzieren, das von Null startet, oder?

Genau das ist Problem und trotzdem sind Spiele wie *Angry Birds* plötzlich da und erfolgreich. Aber wenn Du eine große Firma bist, kannst Du solche Spiele nicht einfach raushauen, da guckt Dich jeder komisch an. Angry Birds ist ja eigentlich ein extrem einfaches, billiges Spiel, das trotzdem irgendeinen Nerv getroffen hat und deswegen groß wurde. Wenn dessen Macher nochmal ein Spiel machen würde, würde es wahrscheinlich nicht nochmal so einen Erfolg haben.

Wir wollen aber ein langfristiges Ding, nicht nur sechs Monate lang total hip und angesagt sein – und dann musst Du halt wirklich investieren in die Themen Market Research, Markenbildung, Nutzereinkauf, Nutzerbetreuung.

> Wir wollen nicht nur sechs Monate lang total hip sein.

Bei einem Spiel, das Du für Millionen entwickelt hast, kannst Du nicht nach vier Wochen sagen: „Ach nee, die Umsätze stimmen nicht so richtig, wir machen es wieder zu." Aber ein Entwickler in Indien, ein Start-up, die schmeißen eine Idee einfach wieder weg, wenn sie nicht funktioniert, und setzen eine neue um, mit wenig Geld. Deshalb glaube ich schon, dass wir immer wieder einzelne Dinger sehen werden, egal auf welcher Plattform, die plötzlich hochschießen. Die Frage ist dann nur, was die Leute damit machen, ob sie daraus eine Company bauen, um das zu wiederholen, oder ob es einfach nur ein Spaß-Projekt war.

Platten-Labels haben lange erfolgreich auch ab und zu immer wieder selbst einen Star produziert. Die haben einem jungen Talent Gesangsausbildung und Promo gegeben haben. Habt Ihr auch mal daran gedacht, Scouts rauszuschicken, die den 17-jährigen Koreaner finden, der in seinem Kinderzimmer irgendein billiges Spiel baut, was man nie ernst genommen hätte, das aber die Welt erobert? Kann man daraus eine Strategie machen?

Ein absolut richtiger Punkt. Es gibt auch diverse Unternehmen, die das probiert haben, auch *Bigpoint* hat das versucht. Es gibt ein oder zwei Beispiele, die damit einigermaßen gutes Geld in Deutschland verdient haben, aber es waren keine Super-Hits dabei. Das Problem ist: Du brauchst diesen Dieter Bohlen, diesen Typen, der das Gefühl dafür hat, was funktionieren wird. In Unternehmen mit hunderten von Mitarbeitern entscheidet aber nicht einer. Da ist ein CEO, ein Controlling, das Game Design, ein Producer, das Marketing-Team. Da ist immer jemand dabei, der das ein Spiel schlecht findet.

In einem Start-up mit 50 bis 100 Leuten, kann man das vielleicht noch hinkriegen, mit 1.000 Mitarbeitern funktioniert das nicht. Deswegen erkennen auch die großen Spiele-Publisher wie *Electronic Arts* die guten Studios, erst, wenn sie einen erfolgreichen Titel haben.

Das komplette Interview finden Sie in der Vollversion des Buchs.

Sie können Ihr Exemplar bereits jetzt sichern und auf www.online-mittelstand.de vorbestellen.

Jetzt bestellen bei oder kostenlos probelesen auf Online-Mittelstand.de

Lohnt es sich heute noch, eine Internet-Firma zu gründen? Viele der hier interviewten Unternehmerinnen und Unternehmer haben diese Frage eher negativ beantwortet und darauf hingewiesen, wie stark schon alle relevanten Märkte besetzt sind und wie groß die Konkurrenz geworden ist.

Ich halte das für Unsinn.

Entweder handelt es sich um das Symptom eines verfrüht einsetzenden Altersstarrsinns oder eine Variante der „alles Wichtige ist bereits erfunden worden"-Aussage.

Mit Sicherheit wird es in zehn Jahren mehr als genug ähnliche Menschen geben, die erzählen, dass 2015 der perfekte Zeitpunkt war, um ihr Geschäft zu starten. Natürlich ist es nicht sinnvoll, heute die Unternehmen noch einmal zu bauen, die vor zehn Jahren gegründet wurden, deren Nischen sind tatsächlich besetzt. Aber es wird immer genug neue Themen geben – nicht zuletzt sind neue Technologien, Smartphones und *Connected TVs* ziemlich offensichtliche neue Märkte für die nächsten Jahre. Viele weitere, wahrscheinlich sogar die attraktivsten, sind uns heute weder bewusst noch bekannt, warten aber darauf, entdeckt und besetzt zu werden.

Also, worauf wartest Du?

Über Feedback zu diesem Buch freuen wir uns auf folgenden Wegen:

info@online-mittelstand.de

Facebook.com/OnlineMittelstand

Twitter.com/OMittelstand

Besonderer Dank gilt …

Neben selbstverständlich allen Interviewpartnern gilt für Ihre Mitwirkung an diesem Buch ein besonderer Dank den folgenden Personen:

Lektorat: Dr. Carolina Pasamonik, Agnieszka Kaczmarek, Melanie Schehl

Design und Layout: Christian Mehlaus

Alles andere: Miriam Bundel

Thomas Promny

Autor und Internet-Unternehmer

Jahrgang: 1981

Thomas Promny, Jahrgang 1981, ist selbst ein deutscher Internet-Unternehmer aus Hamburg. 1999 begann er noch während des Abiturs, seine erste Internet-Firma zu gründen. Seitdem war er am Aufbau von etwa 20 Unternehmen in der Online-Branche beteiligt, insbesondere in den Bereichen Online-Marketing und E-Commerce.

Parallel ist er seit längerem als Autor aktiv und hat bereits drei Bücher zu Online-Marketing-Themen geschrieben. Seit 2011 veranstaltet er mit *d3con* die größte deutsche Konferenz zum Thema Real-Time-Advertising.

Als weiteres Event-Geschäft betreibt er seit 2013 mit dem *Online-Karrieretag* auch die erste deutsche Karrieremesse für die Online-Wirtschaft, auf der sich führende Unternehmen und Absolventen der Branche treffen.